全国高等教育财务会计类专业规划教材
校企合作开发教材
合作企业：江苏天圣达集团
　　　　　江苏天衡会计师事务所有限公司
　　　　　无锡分所

企业财务会计
习题与实训

朱光明　主编

Financial
Accounting for Enterprise

东北财经大学出版社
Dongbei University of Finance & Economics Press

大连

图书在版编目（CIP）数据

企业财务会计习题与实训 / 朱光明主编. —大连：东北财经大学出版社，
2018.3

（全国高等教育财务会计类专业规划教材）

ISBN 978-7-5654-3053-4

Ⅰ．企…　Ⅱ．朱…　Ⅲ．企业管理-财务会计-高等教育-习题集　Ⅳ．
F275.2-44

中国版本图书馆 CIP 数据核字（2018）第 011695 号

东北财经大学出版社出版

（大连市黑石礁尖山街 217 号　邮政编码　116025）

网　址：http://www.dufep.cn

读者信箱：dufep@dufe.edu.cn

大连住友彩色印刷有限公司印刷　　东北财经大学出版社发行

幅面尺寸：185mm×260mm　字数：281 千字　印张：11.75　插页：1

2018 年 3 月第 1 版　　　　　　　2018 年 3 月第 1 次印刷

责任编辑：包利华　　　　　　　　责任校对：亿　心

封面设计：冀贵收　　　　　　　　版式设计：钟福建

定价：26.00 元

前　言

　　《企业财务会计习题与实训》是理实一体化教材《企业财务会计》的配套辅导教材。为配合对主教材内容的理解、提高学生对财务会计职业判断能力和实操能力，我们结合最新会计准则和税收法律法规，编写了适合学生自主学习、巩固提高和拓展思维的《企业财务会计习题与实训》。本教材具有如下特点：

　　一、内容丰富，结合实际

　　在内容上涵盖了企业财务会计常规核算和监督的所有内容，并紧密结合实际，将实际工作过程中发生的大量理论和实际业务操作进行加工整理，形成辅助学生动脑动手能力提高的相关问题，有助于学生养成思辨能力、研判能力、实操能力。

　　二、形式多样，满足需求

　　在形式上力求满足学生自主学习需求，每一章前面首先列出内容结构图，让学生对本章内容结构一目了然，其次指明重点难点、主要概念、主要计算公式，然后是同步测试。在同步测试中也充分体现理实一体，题型包括单项选择题、多项选择题、判断题、计算分析题、业务核算题、案例分析题、实训题等。

　　三、吐故纳新，适度超前

　　随着经济形势的变化，近期出台了不少新准则和新的税收法规，虽然有的实施期较晚，但是本着适度超前的原则，本教材均将新内容纳入其中，保证学生学习和训练最新的内容，走上工作岗位时能够保持业务知识和业务能力的超前性。

　　本教材由校企合作编写，无锡商业职业技术学院朱光明教授任主编，并负责编写第1章、第8章、第15章；薛春燕副教授任副主编，并负责编写第10章、第11章；刘芳副教授负责编写第2章、第3章；蒋亚琴副教授负责编写第4章、第7章；吴建新副教授负责编写第13章、第14章；吴浩忠讲师负责编写第5章、第6章；李娜讲师负责编写第9章、第12章、第16章。江苏天圣达集团、江苏天衡会计师事务所有限公司无锡分所等相关企业人员参与了本教材的结构设计、内容选取、形式确定及相关原始凭证的提供。本教材编写过程中参考借鉴了其他教辅资源，也得到了其他相关院校专家学者的支持和帮助，在此一并表示衷心感谢。

　　本教材适合财务会计类各专业"企业财务会计"课程使用，也可用于在职会计人员继续教育。

编　者

2018年3月

目 录

第16章　　　　　债务重组 / 118

各章同步测试参考答案 / 131

第1章 总 论

本章内容结构图如图1-1所示。

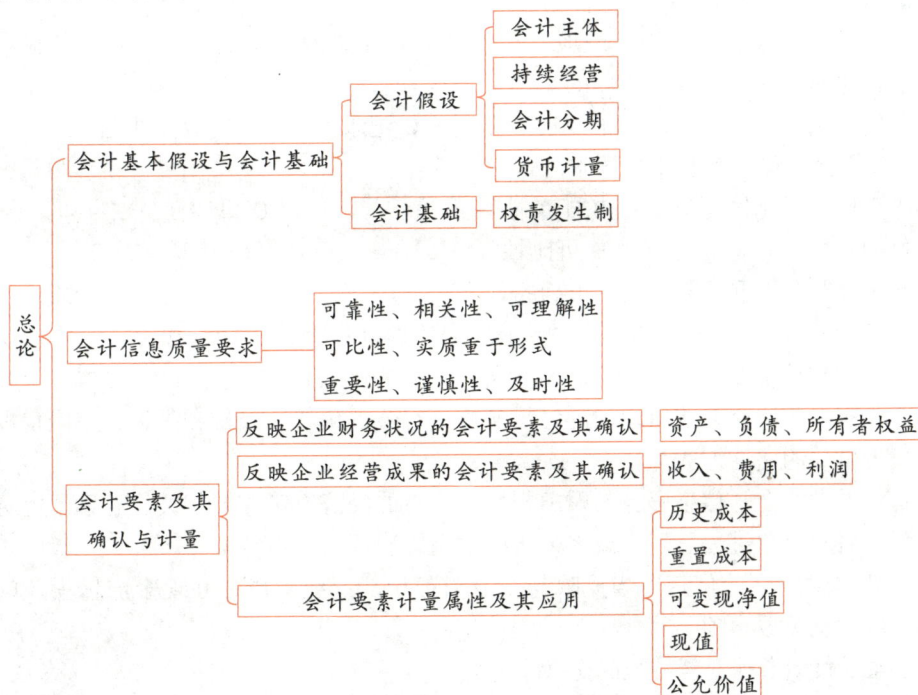

图1-1 本章内容结构图

本章重点与难点

1.理解会计假设的内涵；

2.熟悉会计信息质量要求；

3.明确会计要素含义及确认条件；

4.掌握会计要素计量属性及运用。

主要概念

会计主体　持续经营　会计分期　货币计量　权责发生制　资产　负债　所有者权

益 收入 费用 利润 历史成本 重置成本 可变现净值 现值 公允价值

主要公式

资产=负债+所有者权益

同步测试

一、单项选择题

1.对列入账户和财务报表中的会计要素确定其金额的过程是（　　）。

A.确认　　　　　　　B.计量　　　　　　　C.记录　　　　　　　D.报告

2.决定将交易或事项中的某一项目作为一项会计要素加以记录和列入财务报表的过程，属于企业财务会计的首要程序的是（　　）。

A.确认　　　　　　　B.计量　　　　　　　C.记录　　　　　　　D.报告

3.不属于会计信息首要质量要求的是（　　）。

A.可靠性和可比性　　　B.相关性　　　　　　　C.重要性

D.可理解性　　　　　　E.可比性

4.下列对于实质重于形式表述正确的是（　　）。

A.企业应当以实际发生的交易或者事项为依据进行确认、计量和报告，客观反映符合确认和计量要求的各项会计要素及其他相关信息

B.企业应当按照交易或者事项的经济实质进行会计确认、计量和报告，不应仅以交易或者事项的法律形式为依据

C.企业提供的会计信息应当与财务报告使用者的经济决策需要相关，有助于财务报告使用者对企业过去、现在或者未来的情况作出评价或者预测

D.企业提供的会计信息应当反映与企业财务状况、经营成果和现金流量有关的所有重要的交易或事项

5.不属于负债会计要素特征的是（　　）。

A.是由企业过去的交易或者事项形成的

B.预期会导致经济利益流出企业

C.是企业承担的现时义务

D.预期会给企业带来经济利益

6.对费用表述不正确的是（　　）。

A.费用会导致所有者权益的减少

B.费用是与向债权人支付利息无关的经济利益的总流出

C.费用是与向所有者分配利润无关的经济利益的总流出

D.费用应当是企业在日常活动中形成的

7.对历史成本表述正确的是（　　）。

A.资产按照其购置时支付的现金或现金等价物的金额，或者按照购置资产时的可变现净值计量

B.负债按照其因承担现时义务而实际收到的款项或者资产的金额，或者承担现时义务

的合同金额，或者按照日常活动中为偿还负债预期需要支付的现金或者现金等价物的现值计量

C.资产按照其购置时支付的现金或现金等价物的金额，或者按照购置资产时所给付对价的公允价值计量

D.负债按照其因承担现时义务而实际收到的款项或者资产的金额，或者承担现时义务的合同金额，或者按照日常活动中为偿还负债预期需要支付的现金或者现金等价物的可变现净值计量

8.可变现净值通常应用于（　　）。

A.盘盈资产的计量

B.非流动资产可收回金额的计量

C.交易性金融资产、可供出售金融资产的计量

D.存货资产减值情况下的期末计量

二、多项选择题

1.企业财务会计是由（　　）相关程序构成的一个有机整体。

A.确认　　　　　　　B.计量　　　　　　　C.计算

D.记录　　　　　　　E.报告

2.确认是指决定将交易或事项中的某一项目作为一项会计要素加以记录和列入财务报表的过程，是企业财务会计的首要程序，主要解决某一项目的（　　）问题。

A.应否确认　　　　B.如何确认　　　　C.何时确认　　　　D.何时报告

3.在持续经营基础上表述正确的有（　　）。

A.会计主体将按照要求确定记账本位币

B.会计主体将按照既定用途使用资产

C.会计主体将按照既定的合约条件清偿债务

D.会计主体将选择会计政策和估计方法

4.由于有会计分期才有了（　　）。

A.当期与前期　　　　B.当期与后期　　　　C.权责发生制　　　　D.收付实现制

5.属于会计信息首要质量要求的有（　　）。

A.及时性　　　　　　B.可靠性　　　　　　C.谨慎性

D.可比性　　　　　　E.相关性　　　　　　F.可理解性

6.会计信息是否具有相关性，主要取决于下列因素中的（　　）。

A.反馈价值　　　　B.预测价值　　　　C.重要性　　　　D.及时性

7.下列属于资产会计要素特征的有（　　）。

A.是企业承担的现时义务

B.预期会给企业带来经济利益

C.应为企业拥有或者控制的资源

D.是由企业过去的交易或者事项形成的

8.所有者权益按其来源主要包括（　　）。

A.实收资本（或股本）

B.资本公积（包括资本溢价或股本溢价、其他资本公积）

C.盈余公积（包括法定盈余公积、任意盈余公积）

D.其他综合收益

E.未分配利润

三、判断题

1.企业财务会计，又称对内报告会计。 （　）

2.会计主体，是指企业会计确认、计量和报告的空间范围。 （　）

3.法律主体必然是一个会计主体，会计主体不一定是法律主体。 （　）

4.收付实现制基础要求，凡是不属于当期的收入和费用，即使款项已经在当期收付，也不应作为当期的收入和费用。 （　）

5.权责发生制基础要求，凡是当期已经实现的收入和已经发生或应负担的费用，无论款项是否收付，都应作为当期的收入和费用。 （　）

6.谨慎性是指不低估资产或收益、不高估负债或费用。 （　）

7.及时性要求企业对于已经发生的交易或事项，应当及时进行确认、计量和报告，可以提前但不得延后。 （　）

8.所有者权益反映了所有者对企业资产的所有权。 （　）

9.直接计入当期利润的利得和损失，是指应当计入当期损益、最终会引起所有者权益发生增减变动的、与所有者投入资本或者向所有者分配利润无关的利得和损失。 （　）

10.现值主要应用于交易性金融资产、可供出售金融资产的计量等。 （　）

第2章　货币资金

内容结构图

本章内容结构图如图2-1所示。

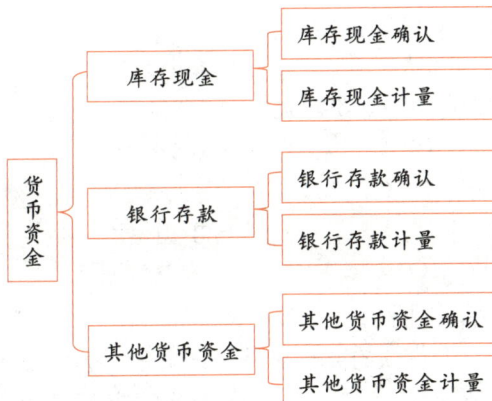

图2-1　本章内容结构图

预习要览

本章重点与难点

1.库存现金的核算；

2.银行存款的核算；

3.银行存款余额调节表的编制；

4.其他货币资金的核算。

主要概念

未达账项　其他货币资金

同步测试

一、单项选择题

1.企业的货币资金包括（　　）。

A.交易性金融资产、应收账款、其他货币资金

B.库存商品、原材料、银行存款

C.短期借款、长期借款、库存现金

D.库存现金、银行存款、其他货币资金

2.下列各项支出不允许使用现金的有（　　　）。

A.购买办公用品250元　　　　　　　　B.向个人收购农副产品20 000元

C.从某公司购入工业产品60 000元　　　D.支付职工差旅费10 000元

3.库存现金日记账是一种（　　　）。

A.明细分类账　　　　　　　　　　　　B.总分类账

C.序时明细账　　　　　　　　　　　　D.备查账

4.银行本票的付款期限为（　　　）。

A.1个月　　　　　　B.2个月　　　　　　C.3个月　　　　　　D.6个月

5.支票的提示付款期为（　　　）。

A.3天　　　　　　　B.5天　　　　　　　C.8天　　　　　　　D.10天

6.商业汇票的银行承兑期限最长不超过（　　　）。

A.3个月　　　　　　B.5个月　　　　　　C.6个月　　　　　　D.9个月

7.企业与银行对账的方法是（　　　）。

A.实地盘点法　　　　　　　　　　　　B.观察法

C.一方验证法　　　　　　　　　　　　D.余额调节法和差额调节法

8.商业汇票结算的适用范围是（　　　）。

A.根据购销合同进行延期付款的商品交易　　B.清理旧欠，偿还往来款项

C.没有购销合同的款项结算　　　　　　D.偿还长短期银行贷款

9.银行汇票的付款期限为（　　　）。

A.1个月　　　　　　　　　　　　　　B.2个月

C.3个月　　　　　　　　　　　　　　D.6个月

10.下列各项中，不通过"其他货币资金"账户核算的是（　　　）。

A.信用卡存款　　　　　　　　　　　　B.备用金

C.信用证保证金存款　　　　　　　　　D.银行本票存款

11.库存现金日记账必须采用（　　　）账簿。

A.卡片式　　　　　　　　　　　　　　B.活页式

C.订本式　　　　　　　　　　　　　　D.数量金额式

12.对于现金进行盘点时，（　　　）必须在场。

A.会计人员　　　　　　　　　　　　　B.出纳人员

C.单位负责人　　　　　　　　　　　　D.上级主管单位负责人

二、多项选择题

1.下列货币资产，属于其他货币资金的有（　　　）。

A.库存现金　　　　　　B.银行存款　　　　　　C.银行汇票存款

D.银行本票存款　　　　　　　　　　　E.外地临时采购专户的款项

2.托收承付结算方式的当事人有（　　　）。

A.委托人　　　　　　　B.托收银行　　　　　　C.代收银行

D.付款人　　　　　　　E.贴现银行

3.企业下列支出中允许使用现金的有（　　　）。

A.职工工资、奖金　　　　　　B.个人劳务报酬　　　　C.向某企业购买材料

D.向个人收购农副产品的价款　　　　　　　　　　　E.职工预借差旅费

4.按规定，现金出纳人员不得兼管的工作主要有（　　　）。

A.会计档案保管　　　　　　　B.收入、费用账目登记　　　C.债权、账务账目登记

D.库存现金日记账登记工作　　　　　　　　　　　　　E.稽核工作

5.下列票据中，可以背书转让的有（　　　）。

A.银行汇票　　　　　　　　　　　B.商业汇票

C.转账支票　　　　　　　　　　　D.现金支票

6.银行存款日记账登记入账的依据有（　　　）。

A.银行收款凭证　　　　　　　　　B.银行付款凭证

C.银行转账凭证　　　　　　　　　D.有关现金付款凭证

7.下列结算方式中，一般只适用于同城结算方式的有（　　　）。

A.支票结算　　　　　　　B.银行本票结算　　　　　　C.银行汇票结算

D.汇兑结算　　　　　　　E.委托收款结算

8.下列结算方式中，同城、异地均可使用的结算方式有（　　　）。

A.支票结算　　　　　　　B.委托承付结算　　　　　　C.委托收款结算

D.商业汇票结算　　　　　E.汇兑结算

9.商业承兑汇票是由（　　　）的票据。

A.收款人签发并承兑　　　　　　　B.付款人签发并承兑

C.收款人签发，收款人承兑　　　　D.付款人签发，收款人承兑

10.托收承付结算的适用范围及一般规定有（　　　）。

A.没有金额起点限制　　　　　　　B.金额起点 10 000 元

C.适用于未签订经济合同的交易　　D.适用于签订经济合同的商品交易

E.分为邮寄划回、电报划回两种

11.企业支付现金，不得（　　　）。

A.从企业库存现金限额中支付　　　B.从开户银行中提取支付

C.坐支现金　　　　　　　　　　　D.从本企业的现金收入中直接支付

12.企业以现金 25 000 元捐赠给灾区。会计分录为（　　　）。

A.借：库存现金 25 000　　　　　　B.借：管理费用 25 000

C.贷：库存现金 25 000　　　　　　D.借：营业外支出 25 000

三、判断题

1.按规定，各单位的库存现金限额一般为本单位 10 到 15 天的日常零星开支。（　　）

2.库存现金日记账、银行存款日记账为订本式账簿。（　　）

3.转账支票既可办理转账，又可提取现金。（　　）

4.空头支票就是空白支票。（　　）

5.转账结算凭证在经济往来中具有同现金相同的支付能力。（　　）

6.货币资金指企业所持有的库存现金和银行存款。（　　）

7."库存现金日记账"是一种明细分类账，每月月末结出余额。（　　）

8.企业收入的一切款项，除国家另有规定的以外，都必须当日送存银行；一切支出除

规定可用现金支付的以外，都必须通过银行办理转账结算。　　　　　　（　　）

9.银行汇票和银行承兑汇票都只能由银行签发，以保证兑付。　　　　（　　）

10.委托收款结算方式在同城异地均可使用，且不受金额起点的限制。　（　　）

11.采用托收承付结算方式，收款方收到银行的托收凭证回单，做银行存款的增加。

　　　　　　　　　　　　　　　　　　　　　　　　　　　　　　　（　　）

12.汇兑结算分为邮汇和电汇两种。　　　　　　　　　　　　　　　　（　　）

13.商业汇票的承兑期由交易双方商定，最长不超过6个月，如果属于分期付款，应一次签发若干张不同期限的汇票。　　　　　　　　　　　　　　　　　　（　　）

14.“银行存款日记账”应定期与“银行对账单”核对，至少每季度一次。　（　　）

15.“银行存款余额调节表”在会计核算上可作为记账的依据。　　　　（　　）

四、业务核算题

【业务核算题1】

目的：练习库存现金和银行存款收付的核算及日记账的登记方法。

资料：无锡海华股份有限公司2017年12月20日“库存现金”账户余额为1 600元，“银行存款”账户余额99 500元（为一般纳税人），12月下旬企业发生下列经济业务：

（1）21日，企业职工李红因公出差借差旅费2 000元，交来借款单一张，开出支票从存款户支付。

（2）22日，开出工资支付专用凭证，从存款户提回现金90 000元备发工资。

（3）24日，以现金发放本月工资90 000元。

（4）25日，厂部购买办公用品计640元，收到发票一张，价款以转账支票付讫。

（5）27日，销货收入20 000元，销项税额3 400元，销货款及增值税款已存入银行，收到进账单回单。

（6）28日，王红报销差旅费1 700元，送交差旅费报销单一张及300元现金，当即开给现金收据。

（7）29日，开出转账支票付邮电费500元，收到该邮电局收据1张。

（8）31日，收到银行通知，第二季度存款利息834元入账。

要求：根据资料编制会计分录，开设库存现金日记账和银行存款日记账，并根据上述经济业务登记日记账，逐笔结出余额。

【业务核算题2】

目的：掌握银行存款余额调节表的编制。

资料：无锡海华股份有限公司2017年12月份发生与银行存款有关的业务如下：

（1）12月28日，无锡海华股份有限公司收到A公司开出的480万元转账支票，交存银行。该笔款项系A公司违约支付的赔款，无锡海华股份有限公司将其计入营业外收入。

（2）12月29日，无锡海华股份有限公司开出转账支票支付B公司咨询费360万元，并于当日交给B公司。

（3）12月31日，无锡海华股份有限公司银行存款日记账余额为432万元，银行转来的对账单余额为664万元。经逐笔核对，发现以下未达账项：

①无锡海华股份有限公司已将12月28日收到的A公司赔款480万元登记入账，但银行尚未记账。

②B公司尚未将12月29日收到的咨询费360万元的转账支票送存银行。

③无锡海华股份有限公司委托银行代收C公司购货款384万元，银行已于12月30日收妥并登记入账，但无锡海华股份有限公司尚未收到收款通知。

④12月份无锡海华股份有限公司发生借款利息32万元，银行已减少其存款，但无锡海华股份有限公司尚未收到银行的付款通知。

要求：

（1）编制无锡海华股份有限公司业务（1）、（2）的会计分录。

（2）根据业务（3）编制无锡海华股份有限公司12月31日的银行存款余额调节表。

（答案中的金额单位用万元表示）

五、案例分析题

2017年12月，无锡海华股份有限公司出纳员王某通过同学关系，收回乙公司欠款4万元。该欠款属于已被注销的坏账，董事长程某指示王某将该笔收入在公司会计账册之外另行登记保管，以备业务招待用。

要求：分析无锡海华股份有限公司在现金管理制度中可能存在哪些管理漏洞。

六、实训题

【实训1】

2017年5月12日，无锡海华股份有限公司签发现金支票，提取现金发放工资78 000元。（无锡海华股份有限公司账号：6222464654546553，付款行名称：工行无锡太湖支行）

实训要求：出纳填制现金支票（见表2-1），制单会计根据现金支票存根编制会计分录。

表2-1

【实训2】

2017年4月25日，无锡海华股份有限公司向北京百货批发站购买桌子250张，单价200元，价款50 000元，增值税为8 500元。货款以银行汇票结算。（付款方式：转账）（北京百货批发站账号：4563509048708097623，代理付款行：中国银行北京三环支行；无锡海华股份有限公司账号：6222464654546553，付款行名称：工行无锡太湖支行）

实训要求：出纳填制银行汇（本）票申请书（见表2-2），制单会计根据银行退回的申请书编制会计分录。

表2-2　　　　　　　**银行汇（本）票申请书**

年　月　日　　　　　　　流水号：01984156

业务类型	□银行汇票　　□银行本票	付款方式	□转账　　□现金											
公司名称		收款人											
账　号		账　号											
用　途		代理付款行											
金额（大写）			亿	千	百	十	万	千	百	十	元	角	分
	客户签章												

会计主管	授权	复核	录入

（第一联 银行记账凭证）

【实训3】

2017年7月12日，无锡海华股份有限公司汇购书款尾款3 000元到上海市新华书店，并到银行办理汇款。（上海市新华书店账号：622215218942522546317，汇入地点：上海市，汇入行名称：交通银行上海嘉定支行，汇出地点：江苏省无锡市，汇出地点：江苏省无锡市，无锡海华股份有限公司账号：6222464654546553，汇出行名称：工行无锡太湖支行）

实训要求：请填制电汇凭证（见表2-3），并编制会计分录。

表2-3　ICBC（工）中国工商银行　　**电汇凭证（回单）**　　1

□普通　□加急　　　　　　　委托日期　年　月　日

汇款人	全　称		收款人	全　称											
	账　号			账　号											
	汇出地点	省　市/县		汇入地点	省　　市/县										
	汇出行名称			汇入行名称											
金额	人民币（大写）				亿	千	百	十	万	千	百	十	元	角	分
			支付密码												
			附加信息及用法：												
	汇出行签章		复核：		记账：										

（此联为汇出行给汇款人的回单）

第3章　应收及预付款项

内容结构图

本章内容结构图如图3-1所示。

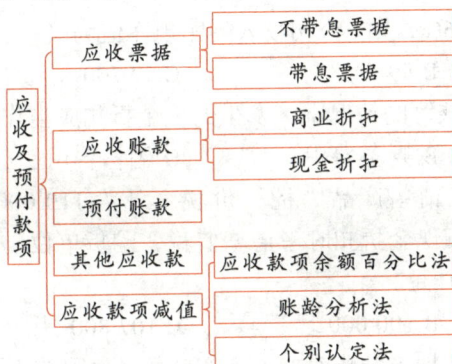

```
                        ┌──────────────┐
          ┌─────────┐   │  不带息票据   │
          │ 应收票据 │───┤              │
          │         │   │  带息票据     │
   ┌──┐   └─────────┘   └──────────────┘
   │应│
   │收│   ┌─────────┐   ┌──────────────┐
   │及│   │ 应收账款 │   │  商业折扣     │
   │预│───┤         │───┤              │
   │付│   └─────────┘   │  现金折扣     │
   │款│                 └──────────────┘
   │项│   ┌─────────┐
   └──┘   │ 预付账款 │
          └─────────┘
          ┌─────────┐   ┌──────────────────┐
          │ 其他应收款│   │ 应收款项余额百分比法 │
          └─────────┘   ├──────────────────┤
          ┌─────────┐   │  账龄分析法        │
          │应收款项减值│──┤                  │
          └─────────┘   │  个别认定法        │
                        └──────────────────┘
```

图3-1　本章内容结构图

预习要览

📖 本章重点与难点

1.应收票据的核算；

2.应收账款的核算；

3.应收款项减值的核算。

✍ 主要概念

贴现　商业折扣　现金折扣　坏账损失

✋ 主要公式

票据到期值=面值+利息

贴现息=票据到期值×贴现率×贴现期

贴现净值=票据到期值-贴现息

同步测试

一、单项选择题

1.坏账损失是指（　　）。

A.库存商品因保管不善发生的损失

B.库存现金发生丢失

C.企业的应收账款因债务人的破产、资不抵债、现金流量不足等原因不能回收的损失

D.企业的应收账款因债务人下落不明，一年内收不回

2.企业按规定提取的坏账准备，应计入（　　　）。

A.财务费用　　　　　B.营业外支出　　　　C.其他业务成本　　D.资产减值损失

3.某企业年末"应收账款"账户余额为1 000 000元，"坏账准备"账户余额（贷方）为3 000元，按规定坏账准备提取比例为4‰，年末应提坏账准备金额为（　　　）。

A.提补1 000元　　　B.提补2 000元　　　C.转出1 000元　　　D.转出2 000元

4.F公司5月1日将本年4月1日签发、期限3个月、面值60 000元的不带息商业汇票向银行贴现，年贴现率为6%，则F公司收入的贴现净值为（　　　）元。

A.59 100　　　　　　B.59 400　　　　　　C.59 700　　　　　　D.60 300

5.企业在采用总价法核算的情况下，发生的现金折扣应当作为（　　　）处理。

A.主营业务收入　　　B.财务费用　　　　　C.销售费用　　　　　D.管理费用

6.某企业于1月15日销售产品一批，价税合计为110 000元，规定的付款条件为"2/10，1/20，N/30"，计算现金折扣时考虑增值税，购货单位已于1月22日付款，该企业实际收到的金额为（　　　）元。

A.110 000　　　　　　B.100 000　　　　　　C.107 800　　　　　　D.88 000

7."坏账准备"账户在期末结账前如为借方余额，反映的内容是（　　　）。

A.提取的坏账准备

B.收回以前确认并转销的坏账损失

C.已经发生的坏账损失

D.已确认的坏账损失超出坏账准备的余额

8.预付账款不多的企业，可以不设"预付账款"账户，而将预付的款项记入（　　　）。

A."应付账款"账户的借方　　　　　　　B."应付账款"账户的贷方

C."应收账款"账户的借方　　　　　　　D."应收账款"账户的贷方

9.下列各项中，在确认销售收入时不影响应收账款入账金额的是（　　　）。

A.销售价款　　　　　　　　　　　　　B.增值税销项税额

C.现金折扣　　　　　　　　　　　　　D.销售产品代垫的运杂费

10.某企业销售商品一批，增值税专用发票上注明的价款为60万元，适用的增值税税率为17%，为购买方代垫运杂费2万元，款项尚未收回。该企业确认的应收账款为（　　　）万元。

A.60　　　　　　　　B.72.2　　　　　　　C.70.2　　　　　　　D.62

二、多项选择题

1.应收账款是企业正常经营过程中，由于销售商品、提供劳务等发生的应收账款，包括（　　　）。

A.因销售商品、材料向购货单位收取的款项

B.企业采用托收承付结算方式委托银行收取的款项

C.仓库保管的商品等被盗窃待追回的价款

D.企业出口商品等应收境外客户货款等外汇账款

E.企业因提供劳务向接受劳务单位收取的款项

2.企业收到购货单位交来的商业汇票可能的会计分录是（　　）。

A.借：应收账款　　　　　　B.借：应收票据　　　　　C.借：应收票据
　　　应收票据　　　　　　　　贷：主营业务收入　　　　　贷：应收账款
　　贷：主营业务收入　　　　　　　应交税费
　　　　应交税费

D.借：应付票据　　　　　　E.借：应付账款
　　贷：主营业务收入　　　　　贷：应付票据
　　　　应交税费

3.我国目前使用的票据包括（　　）。

A.支票　　　　　　　　B.商业承兑汇票　　　　　C.银行承兑汇票

D.银行本票　　　　　　E.银行汇票

4.属于其他应收款核算范围的有（　　）。

A.备用金　　　　　　　B.应收的各种赔款　　　　C.罚款、存出保证金

D.职工预借差旅费　　　E.向职工收取的垫付款项

5.属于预付账款核算范围的有（　　）。

A.预付给工程承包单位包工款　　　　　　　　　B.预借给采购人员差旅费

C.预付材料采购款　　　D.备用金　　　　　　　E.应交税费

6.企业的应收账款发生减值的客观证据是指（　　）。

A.债务人发生严重的财务困难

B.债务人违反合同条款

C.债务人很可能倒闭或进行其他财务重组

D.债权人出于经济或法律等方面因素的考虑，对发生财务困难的债务人作出让步

7.下列各项中，应计提坏账准备的有（　　）。

A.应收账款　　　　B.应收票据　　　　C.预付账款　　　　D.其他应收款

8.下列各项中，应记入"坏账准备"账户贷方的项目有（　　）。

A.经批准转销的坏账

B.年末按"应收账款"账户余额的一定比例计提的坏账准备

C.确实无法支付的应付账款

D.收回过去已经确认并转销的坏账

三、判断题

1.应收账款是指企业在生产经营中，由于购进商品、接受劳务等业务而发生的应付给购货单位的款项。（　）

2.已确认为坏账的应收账款，并不意味着企业放弃了其追索权，一旦重新收回，应及时入账。（　）

3.企业会计准则规定，企业一般采用应收账款余额法按月预提坏账准备。（　）

4.短期应收账款的预计未来现金流量与其现值相差很小的，在确定相关减值损失时不对其预计未来现金流量进行折现。（　）

5.企业按年末"应收款项"余额的一定比例计算的坏账准备，应等于年末"坏账准备"账户余额。（　）

6.票据的贴现所得等于票据面值减去贴现息之差。（　　）

7.备用金也是一种现金，在管理和使用上要遵守现金管理制度。（　　）

8.预付账款可以在"应付账款"账户核算，因此，预付账款应作为企业的一项负债。（　　）

9.不带息票据的到期价值就是票据面值。（　　）

10.企业已贴现的商业承兑汇票，应在资产负债表补充资料中加以说明。（　　）

四、业务核算题

【业务核算题1】

目的：练习应收账款的核算。

资料：无锡海华股份有限公司为增值税一般纳税人，2018年2月有关经济业务如下：

（1）2月3日，销售A产品100件给外地某商场，单价200元，价款合计20 000元，增值税3 400元，价税合计23 400元，产品已发出，向银行办妥托收手续。

（2）2月8日，接到银行转来的托收承付结算凭证收款通知，收到外地某商场的前欠货款23 400元。

（3）2月10日，销售给外地的甲企业B产品1 000件，货款采用委托收款结算方式，B产品单位售价200元，价款合计200 000元，增值税34 000元。

（4）2月14日，外地甲企业所欠货款改用商业汇票结算，收到汇款单位承兑的"商业承兑汇票"一份。

（5）企业采用备抵法核算坏账损失：

①3月5日，上月已确认并转销外地某商店的坏账损失6 000元收回，存入银行。

②3月10日，经核实，红星商场经营不善倒闭，其所欠货款10 000元无法收回，经批准作坏账损失处理。

③年终，企业"应收账款"账户余额为6 000 000元，提取坏账准备的比例为5‰，"坏账准备"账户年初贷方余额为20 000元。

要求：根据上述资料编制相关会计分录。

【业务核算题2】

目的：练习应收票据的核算。

资料：无锡海华股份有限公司为增值税一般纳税人，2017年发生的有关经济业务如下：

（1）7月2日，销售给外地甲企业A产品10件，每件销售单价8 000元，价款合计80 000元，增值税为13 600元，收到"商业承兑汇票"一份，到期日为9月2日。

（2）9月2日，上述汇票即将到期，填一式五联托收承付凭证，连同原存执的"商业汇票"一并办妥托收承付手续。

（3）9月8日，上述票款收到存入银行。

（4）企业存执的一份无息"银行承兑汇票"到期日11月8日，票面金额50 000元，因企业急需资金，于8月8日将上述"银行承兑汇票"向银行申请贴现，贴现月利率为5‰。

要求：根据资料编制会计分录。

【业务核算题3】

目的：练习预付账款和其他应收款的核算。

资料：无锡海华股份有限公司为增值税一般纳税人，2017年发生的有关经济业务如下：

（1）6月2日，签发转账支票预付星星工厂甲材料购料款20 000元。

（2）6月15日，收到上述预购的甲材料，价款为36 000元，增值税为6 120元，价税合计为42 120元，材料已经验收入库，价税款不足部分当即签发转账支票补付。

（3）6月20日，企业以银行存款支付应由职工负担的水电费2 000元，从职工下月工资中扣除。

（4）企业总务科实行定额备用金制度：

①7月15日，总务科出具收条，财务部门拨付2 000元备用金，开出现金支票支付。

②7月25日，总务科报销日常零星开支1 600元，以现金补足备用金。

（5）7月29日，厂长李明因公出差，填写借据一张，预借差旅费2 000元，财务部门以现金支票支付。

（6）8月5日，李明出差归来，报销差旅费2 400元，补付现金400元。

要求：根据资料编制会计分录。

【业务核算题4】

目的：练习应收款项减值的核算。

资料：2017年1月1日，无锡海华股份有限公司应收账款余额为3 000万元，坏账准备余额为150万元。2017年度该发生了如下相关业务：

（1）销售商品一批，增值税专用发票上注明的价款为5 000万元，增值税税额为850万元，货款尚未收到。

（2）因某客户破产，该客户所欠货款10万元不能收回，确认为坏账损失。

（3）收回上年度已转销为坏账损失的应收账款8万元并存入银行。

（4）收到某客户以前所欠的货款4 000万元并存入银行。

（5）2017年12月31日，甲企业对应收账款进行减值测试，确定按5%计提坏账准备。

要求：

（1）编制2017年度确认坏账损失的会计分录。

（2）编制收到上年度已转销为坏账损失的应收账款的会计分录。

（3）计算2017年年末"坏账准备"科目余额。

（4）编制2017年年末计提坏账准备的会计分录。

（答案中的金额单位用万元表示）

五、实训题

【实训1】

2017年3月21日，无锡海华股份有限公司销售商品一批，价款454 700.85元，增值税77 299.15元，合计532 000元。签发6个月的银行承兑汇票给上海东方集团有限公司。汇票到期日为2017年09月21日，承兑协议编号为770321（无锡海华股份有限公司账号：6222464654546553，付款行：中国工商银行无锡太湖支行；上海东方集团有限公司账号：9558801009012132093，开户行：中国工商银行上海嘉定支行）。

实训要求：出纳填制银行承兑汇票（见表3-1），制单会计依据银行盖章的银行承兑汇票的复印件、增值税专用发票等编制会计分录。

表 3-1

银行承兑汇票 2

出票日期 年 月 日
（大写）

30101150
68771056

出票人全称		收款人	全 称											
出票人账号			账 号											
付款行名称			开户银行											
出票金额	人民币（大写）				亿	千	百	十	万	千	百	十	元	角 分
汇票到期日（大写）		付款行	行号											
承兑协议编号			地址											

本汇票请你行承兑，到期无条件付款。	本汇票已经承兑，到期日由本行付款。 承兑行签章 承兑日期 年 月 日	密押
出票人签章	备注：	复核 记账

此联收款人开户行随托收凭证寄付款行作借方凭证附件

【实训 2】

2017 年 12 月 21 日，无锡海华股份有限公司（国企）向上海天地集团有限公司（国企）销售空调 25 台，单价 2 000 元，增值税税率 17%，货已发出，开出现金支票 500 元代垫运费，合同规定采用验货付款。合同号码：555431（邮划），附寄单证 4 张（上海天地集团有限公司账号：62221273165554 2256701，开户行：交通银行上海浦东新区分理处；无锡海华股份有限公司账号：6222464654546553，开户行：工行无锡太湖支行）。

实训要求：出纳填制一式五联的托收凭证（受理回单见表 3-2），制单会计依据银行盖章的受理回单、增值税专用发票的发票联等编制会计分录；制单会计依据收账通知编制会计分录。

表 3-2

托收凭证（受理回单）

1

委托日期 年 月 日

业务类型	委托收款（□邮划、□电划）			托收承付（□邮划、□电划）											
付款人	全 称			收款人	全 称										
	账 号				账 号										
	地址	省 市县	开户行		地址	省	市县	开户行							
金额	人民币（大写）					亿	千	百	十	万	千	百	十	元	角 分
款项内容		托收凭据名称			附寄单证张数										
商品发运情况				合同名称号码											
备注：	上列款项已划回收入你方账户内。														
复核 记账					收款人开户银行签章 年 月 日										

此联作收款人开户银行给收款人的受理回单

第4章 存 货

本章内容结构图如图4-1所示。

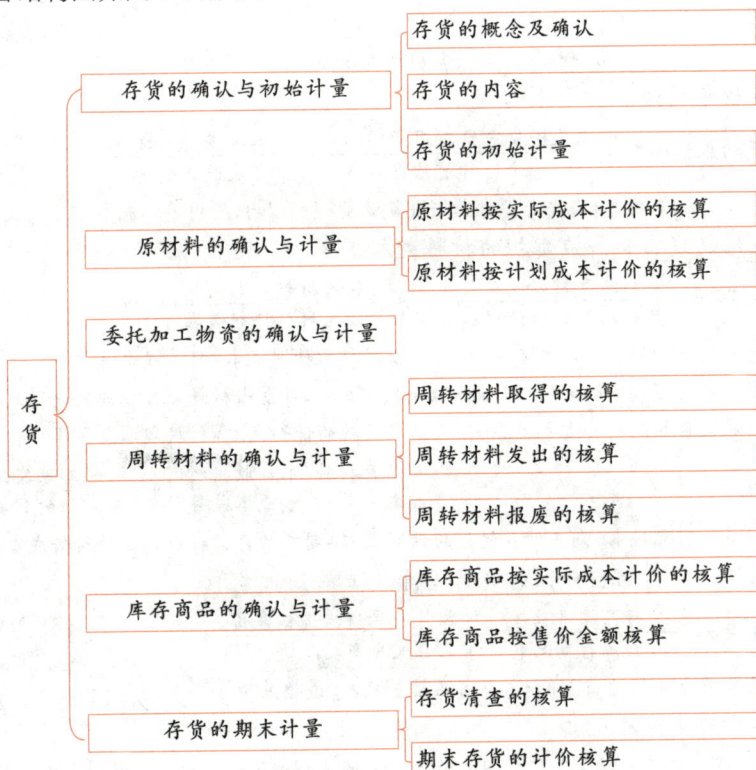

		存货的概念及确认
	存货的确认与初始计量	存货的内容
		存货的初始计量
	原材料的确认与计量	原材料按实际成本计价的核算
		原材料按计划成本计价的核算
存货	委托加工物资的确认与计量	
		周转材料取得的核算
	周转材料的确认与计量	周转材料发出的核算
		周转材料报废的核算
	库存商品的确认与计量	库存商品按实际成本计价的核算
		库存商品按售价金额核算
	存货的期末计量	存货清查的核算
		期末存货的计价核算

图4-1 本章内容结构图

预习要览

本章重点与难点

1. 存货的初始计量；

2. 存货发出的计价；

3. 原材料按实际成本计价的核算；

4. 原材料按计划成本计价的核算；

5. 委托加工物资的核算；

6. 周转材料的核算；

7.存货清查及期末存货的计价核算。

主要概念

存货　原材料　委托加工物资　周转材料　库存商品　先进先出法　月末一次加权平均法　一次转销法　分次摊销法　成本与可变现净值孰低法

主要公式

1.月末一次加权平均法

$$加权平均单位成本=\frac{期初结存存货的实际成本+本期收入存货的实际成本}{期初结存存货数量+本期收入存货数量}$$

期末结存存货成本=期末结存存货数量×加权平均单位成本

本期发出存货成本=本期发出存货数量×加权平均单位成本

或　　　　　　　=期初结存存货成本+本期收入存货成本−期末结存存货成本

2.移动加权平均法

$$移动加权平均单位成本=\frac{本次进货前结存存货实际成本+本次进货实际成本}{本次进货前结存存货数量+本次进货数量}$$

下次进货前发出存货成本=下次进货前发出存货数量×移动加权平均单位成本

3.计算并结转发出材料应负担的材料成本差异

$$材料成本差异率=\frac{月初结存材料成本差异+本月收入材料成本差异}{月初结存材料计划成本+本月收入材料计划成本}×100\%$$

本月发出材料应负担的材料成本差异=本月发出材料的计划成本×材料成本差异率

本月发出材料的实际成本=本月发出材料的计划成本+本月发出材料应负担的材料成本差异

月末结存材料应负担的材料成本差异=期末结存材料的计划成本×材料成本差异率

或　　　　　　　$=\left(\begin{array}{c}期初结存材料\\成本差异\end{array}+\begin{array}{c}本期收入材料\\成本差异\end{array}\right)-\begin{array}{c}本期发出材料\\应负担的材料成本差异\end{array}$

期末结存材料的实际成本=期末结存材料的计划成本+期末结存材料应负担的材料成本差异

4.计算本期已销商品应分摊的进销差价

$$进销差价率=\frac{月初库存商品进销差价+本月入库商品进销差价}{月初库存商品售价+本月入库商品售价}×100\%$$

本期已销商品应分摊的进销差价=本期商品销售收入×进销差价率

5.计算存货可变现净值

可变现净值=预计售价−至完工尚需投入的成本−预计的销售过程相关税费

同步测试

一、单项选择题

1.下列不应包括在存货项目中的是（　　　）。

　A.工程物资　　　　　　B.原材料　　　　　　C.周转材料　　　　　　D.在产品

2.某企业为增值税一般纳税人，从外地购入原材料600吨，从销货方取得的增值税专用发票上注明的售价为每吨1 200元，增值税为122 400元，从运输部门取得的增值税专用发票上注明的运输费为6 000元，增值税为660元；另支付装卸费2 000元、途中保险费1 800元。原材料运到后验收数量为5 996吨，短缺4吨为合理损耗，则该原材料的入账价值为（　　　）元。

A.707 800   B.729 800   C.729 380   D.708 900

3.在计划成本法下，年末"原材料"账户中登记的是原材料的（　　）。

A.计划成本   B.实际成本   C.超支差异   D.节约差异

4.下列原材料相关损失项目中，应计入管理费用的是（　　）。

A.计量差错引起的原材料盘亏   B.自然灾害造成的原材料损失

C.原材料运输途中发生的合理损耗   D.人为责任造成的原材料损失

5.甲企业委托乙单位将 A 材料加工成用于直接对外销售的应税消费品 B 材料，发出 A 材料的实际成本为 97 850 元，支付的加工费为 29 250 元（含增值税额 4 250 元），往返运杂费为 840 元（含增值税 88 元），消费税为 6 450 元。假设双方均为一般纳税人，增值税税率为 17%。B 材料加工完毕验收入库时，其实际成本为（　　）元。

A.130 140   B.134 390   C.130 052   D.127 940

6.委托加工材料收回后，用于连续生产应交纳消费税产品的，其委托加工材料的实际成本中不包括（　　）。

A.委托加工费用   B.受托方代交的消费税

C.委托加工耗用的原材料的实际成本   D.支付的运输费

7.某企业采用计划成本进行材料的日常核算，2017 年 12 月初库存材料计划成本为 300 000 元，当月收入材料计划成本为 700 000 元；当月月初库存材料成本差异为超支 20 000 元，当月收入材料实际成本为 690 000 元；当月发出材料计划成本为 800 000 元。当月月末库存材料实际成本为（　　）元。

A.197 600   B.202 400   C.201 600   D.202 000

8.甲产品月初结存 1 500 件，成本为 3 000 元；本月购进共 2 500 件，成本为 4 000 元；则甲产品本月的加权平均单位成本为（　　）。

A.2 元/件   B.1.75 元/件   C.1.6 元/件   D.2.5 元/件

9.若包装物采用一次摊销法核算，当出借的包装物不能继续使用而报废时，应将其残值（　　）。

A.计入营业外支出   B.冲减营业外收入

C.冲减销售费用   D.冲减其他业务成本

10.属于定额内损耗的材料盘亏，经批准后可转作（　　）。

A.生产成本   B.管理费用   C.营业外支出   D.其他应收款

11.计入存货成本的相关税费不应该包括（　　）。

A.可以抵扣的增值税税额   B.消费税

C.资源税   D.不能抵扣的进项税额

12.某商业企业采用售价金额法计算期末存货成本。本月月初存货成本为 20 000 元，售价总额为 30 000 元；本月购入存货成本为 100 000 元，相应的售价总额为 120 000 元；本月销售收入为 100 000 元。该企业本月销售成本为（　　）元。

A.96 667   B.80 000   C.40 000   D.33 333

13.某商场采用售价金额核算法对库存商品进行核算。本月月初库存商品的进价成本为 60 000 元，售价总额为 90 000 元；本月购进商品的进价成本为 80 000 元，售价总额为 110 000 元；本月销售商品的售价总额为 150 000 元。该商场当月售出商品应分摊的进销差价为（　　）元。

　　A.35 000　　　　　　B.40 000　　　　　　C.45 000　　　　　　D.50 000

　　14.2017年12月31日，兴业公司库存A材料的账面成本为350万元，市场销售价格总额为280万元，预计销售发生的相关税费为10万元；用A材料生产的产成品W型机器的可变现净值高于成本，则2017年年末A材料在资产负债表上应列示的金额为（　　）万元。

　　A.350　　　　　　B.280　　　　　　C.270　　　　　　D.290

　　15.某企业11月1日存货结存数量为200件，单价为4元；11月2日发出存货150件；11月5日购进存货200件，单价4.4元；11月7日发出存货100件。在对存货发出采用先进先出法核算的情况下，11月7日发出存货的实际成本为（　　）元。

　　A.400　　　　　　B.420　　　　　　C.430　　　　　　D.440

　　16.某工业企业为增值税一般纳税人，原材料采用实际成本法核算。购入A种原材料1 000吨，收到的增值税专用发票上注明的价款为800 000元，增值税额为136 000元。另发生运输费用12 609.6元（含增值税额1 249.6元），装卸费用4 000元，途中保险费用3 000元。原材料运抵企业后，验收入库原材料为998吨，运输途中发生合理损耗2吨。则该原材料的实际单位成本为（　　）元。

　　A.800　　　　　　B.810　　　　　　C.820　　　　　　D.830

　　17.甲公司期末原材料的账面余额为100万元，数量为10吨。该原材料专门用于生产与乙公司所签合同约定的20台Y产品。该合同约定：甲公司为乙公司提供Y产品20台，每台售价10万元（不含增值税，本题下同）。将该原材料加工成20台Y产品尚需加工成本总额为85万元。估计销售每台Y产品尚需发生相关税费1.5万元（不含增值税，本题下同）。本期期末市场上该原材料每吨售价为9万元，估计销售每吨原材料尚需发生相关税费0.1万元。期末该原材料的可变现净值为（　　）万元。

　　A.85　　　　　　B.89　　　　　　C.100　　　　　　D.105

　　18.2017年8月大华公司与新华公司签订了一份不可撤销销售合同，合同约定大华公司2018年2月向新华公司销售A产品8台，每台售价65万元。2017年12月31日，大华公司库存A产品6台，账面价值为372万元，2017年12月31日A产品的市场销售价格为每台64万元。预计销售6台A产品需发生销售税费24万元。2017年12月31日大华公司应计提的存货跌价准备为（　　）万元。

　　A.0　　　　　　B.6　　　　　　C.9　　　　　　D.12

二、多项选择题

　　1.在我国的会计实务中，下列项目中构成企业存货实际成本的有（　　）。

　　A.支付的买价　　　　　　　　　　　　B.入库后的挑选整理费

　　C.运输途中的合理损耗　　　　　　　　D.一般纳税人购货时的增值税进项税额

　　E.加工货物收回后直接用于销售的消费税

　　2.下列项目中应构成一般纳税人企业委托加工物资成本的有（　　）。

　　A.发出用于加工的材料成本　　　　　　B.支付的加工费

　　C.支付的往返运杂费　　　　　　　　　D.支付的加工物资的增值税税款

　　E.支付的加工物资收回后直接用于销售的消费税税款

　　3.下列各项存货中，属于周转材料的有（　　）。

A.委托加工物资　　　B.包装物　　　　　C.低值易耗品　　　　D.委托代销商品

4.下列各项中，应计入销售费用的有（　　　）。

A.随同商品出售不单独计价的包装物成本　　　B.随同商品出售单独计价的包装物成本

C.领用的用于出借的新包装物成本　　　D.对外销售的原材料成本

5."材料成本差异"账户贷方蓝字登记（　　　）。

A.采购物资的超支差异　　　　　　　　B.采购物资的节约差异

C.发出材料应分摊的节约差异　　　　　　D.发出材料应分摊的超支差异

6.原材料入库的凭证主要有（　　　）。

A.收料单

B.领料单

C.材料入库单

D.委托加工材料收料单

7.下列物品中不能作为包装物进行核算的有（　　　）。

A.包装本企业产品的铁丝

B.储存本企业产成品，但不出售、出借、出租的包装容器

C.作为本企业产成品的包装容器

D.随同产品出售，但不单独计价的包装物

8.存货盘亏时，可能涉及的账户有（　　　）。

A.待处理财产损溢　　　B.管理费用　　　　C.其他应收款　　　　D.营业外支出

9.计提存货跌价准备涉及的会计科目有（　　　）。

A.管理费用　　　　　　B.营业外支出　　　　C.资产减值损失　　　D.存货跌价准备

10.按现行准则规定，发出存货可采用的计价方法有（　　　）。

A.先进先出法　　　　　　　　　　　　B.个别计价法

C.后进先出法　　　　　　　　　　　　D.月末一次加权平均法

11.计算存货可变现净值时，应从预计销售收入中扣除的项目有（　　　）。

A.销售过程中发生的消费税　　　　　　B.存货的账面价值

C.销售过程中发生的销售费用　　　　　　D.出售前进一步加工的加工费用

12.下列有关存货会计处理的表述中，正确的有（　　　）。

A.因自然灾害造成的存货净损失，计入营业外支出

B.随商品出售单独计价的包装物成本，计入其他业务成本

C.一般纳税人进口原材料交纳的增值税，计入相关原材料的成本

D.结转商品销售成本时，将相关存货跌价准备调整为主营业务成本

三、判断题

1.工业企业购入材料和商业企业购入商品所发生的运杂费、保险费等均应计入存货成本。（　　　）

2.商品流通企业在采购商品时，如果发生的进货费用金额较小，可以将该费用在发生时直接计入当期损益。　　　　　　　　　　　　　　　　　　　　　　　（　　　）

3.某一酒类生产厂家所生产的白酒在储存3个月之后才符合产品质量标准，该储存期间所发生的储存费用应计入当期管理费用。　　　　　　　　　　　　　　　（　　　）

4.企业接受的投资者投入的存货应按照该商品在投出方的账面价值入账。　　（　　　）

5.在物价持续下跌的情况下，企业采用先进先出法计量发出存货的成本，当月发出存货单位成本小于月末结存存货的单位成本。　　　　　　　　　　　　　（　　　）

6.在物价上涨的情况下，采用先进先出法计算的发出存货的成本将高于采用加权平均法计算的发出存货成本。 （　　）

7.采用计划成本进行材料日常核算的，结转入库材料的材料成本差异时，无论是节约差异还是超支差异，均记入"材料成本差异"科目的借方。 （　　）

8.采用计划成本进行材料日常核算的，结转发出材料的成本差异时，都从贷方结转，如果是超支差用蓝字，如果是节约差用红字。 （　　）

9.某商场采用售价金额核算法对库存商品进行核算，月初库存商品的售价金额是9万元，"商品进销差价"科目月初余额为3万元，本月购进商品的进价成本为8万元，售价金额为11万元，本月的销售收入为15万元，假定不考虑增值税，该商场月末库存商品的实际成本为3.5万元。 （　　）

10.每期期末都应当重新确定存货的可变现净值，如果以前减记存货价值的影响因素已经消失，则减记的金额应当予以恢复，并在原已计提的存货跌价准备的金额内转回。 （　　）

11.无论企业对存货采用实际成本核算，还是采用计划成本核算，在编制资产负债表时，资产负债表上的存货项目反映的都是存货的实际成本。 （　　）

12.成本与可变现净值孰低法中的"成本"是指存货的历史成本。 （　　）

13.甲企业因出租的包装物逾期未能收回而没收的加收押金，缴纳有关税费后的净收入应记入"营业外收入"账户。 （　　）

14.如果企业持有的同一项存货的数量多于销售合同或劳务合同订购的数量的，应分别确定其可变现净值，并与其相对应的成本进行比较，分别确定存货跌价准备的计提或转回金额。 （　　）

四、计算分析题

【计算分析题1】

目的：练习用月末一次加权平均法计算发出材料的实际成本。

资料：宏达工厂2017年8月份甲材料明细账有关资料见表4-1。

表4-1　　　　　　　　　　　原材料明细账

最高储量：　　　　　　　　　　　　　　　　　　　　计量单位：千克
最低储量：　　　　　　　　　　　　　　　　　　　　二级科目：原料及主要材料
编号：　　　　　规格：　　　　　　　　　　　　　　三级科目：甲材料

2017年		凭证		摘要	借方			贷方			结存		
月	日	种类	号数		数量	单价	千百十万千百十元角分	数量	单价	千百十万千百十元角分	数量	单价	千百十万千百十元角分
8	1			期初余额							300	13	3 9 0 0 0 0
	5			购入	400	12.8	5 1 2 0 0 0				700		
	7			领用				300			400		
	9			领用				100			300		
	13			购入	500	12.5	6 2 5 0 0 0				800		
	16			领用				410			390		
	22			购入	300	13	3 9 0 0 0 0				690		
	25			领用				240			450		
	28			购入	200	12.5	2 5 0 0 0 0				650		
	31			本月合计	1 400		1 7 7 7 0 0 0	1 050			650		

要求：

（1）计算甲材料加权平均单位成本（保留四位小数）。

（2）计算本月发出甲材料的实际成本和期末库存甲材料成本。

【计算分析题2】

目的：练习用先进先出法计算发出材料的实际成本。

资料：宏达工厂2017年10月份乙材料明细账有关资料见表4-2。

表4-2　　　　　　　　　　**原材料明细账**

最高储量：　　　　　　　　　　　　　　　　　　计量单位：千克

最低储量：　　　　　　　　　　　　　　　　　　二级科目：原料及主要材料

编号：　　　　规格：　　　　　　　　　　　　　三级科目：乙材料

2017年		凭证		摘要	借方			贷方			结存		
月	日	种类	号数		数量	单价	千百十万千百十元角分	数量	单价	千百十万千百十元角分	数量	单价	千百十万千百十元角分
10	1			期初余额							400	9	3 6 0 0 0 0
	3			购入	500	9.2	4 6 0 0 0 0				900		
	8			领用				300			600		
	10			领用				200			400		
	13			购入	300	8.8	2 6 4 0 0 0				700		
	18			领用				420			280		
	20			购入	600	9	5 4 0 0 0 0				880		
	22			领用				230			650		
	27			领用				300			350		
	31			本月合计	1400		1 2 6 4 0 0 0	1450			350		

要求：采用先进先出法计算本月发出乙材料的实际成本和期末库存乙材料成本。

【计算分析题3】

目的：练习材料成本差异的计算。

资料：开源公司2017年12月某辅助材料成本差异明细资料见表4-3。

表4-3　　　　　　　　　　**材料成本差异明细表**

二级科目：辅助材料　　　　　　　2017年12月　　　　　　　　单位：元

2017年		凭证		摘要	收入		差异率	发出		结存	
月	日	种类	号数		计划成本	成本差异		计划成本	成本差异	计划成本	成本差异
12	1			期初余额						320 000	-4 800
	31			购入	180 000	1 200		215 000		285 000	
	31			领用							

要求：

（1）计算辅助材料成本差异率；

（2）计算本月发出材料及期末库存材料应分摊的成本差异。

【计算分析题4】

目的：练习库存商品售价金额法的核算。

资料：某商场为增值税一般纳税人，库存商品采用售价金额核算。该商场2017年12月份期初库存服装的进价成本为35万元，售价为60万元。本月购入服装的售价为360万元，商品进销差价为80万元。本期实现销售收入320万元。

要求：

（1）计算该商场12月份的商品进销差价率；

（2）计算12月份已销服装的实际成本；

（3）计算期末库存服装的实际成本。

五、实训题

【实训1】

目的：练习实际成本计价法下原材料的核算。

资料：无锡市华美保温瓶厂为增值税一般纳税人，原材料采用实际成本核算。2017年12月份有关材料业务如下：

（1）1日，将上月末已收料但尚未收到结算单据而暂估入账的材料用红字冲回，金额为50 000元。

（2）3日，购买甲材料，取得的增值税专用发票上列明的价款为100 000元，增值税为17 000元。购进货物时支付保险费、包装费共600元。甲材料全部验收入库，货款及保险费均以银行存款支付。

（3）5日，上月已付款的乙材料本月到达，材料全部入库，实际成本为90 000元。

（4）8日，同时购进乙和丙两种材料，取得的增值税专用发票上列明：乙材料30吨，买价30 000元，丙材料20吨，买价20 000元，增值税共计8 500元；从运输部门取得的增值税专用发票上列明的乙、丙两种材料的运费共1 200元，增值税132元；另支付保险费1 500元。材料尚未运抵企业，款项已全部以银行存款支付。企业按所购货物重量比例分摊运杂费用。

（5）14日，乙、丙两种材料均如数到达入库，计算并结转乙、丙两种材料的实际成本。

（6）18日，开出支票预付货款20 000元用以购入甲材料。

（7）25日，18日预付货款所购的甲材料到达企业并验收入库，取得的增值税专用发票上列明的价款为40 000元，增值税为6 800元。

（8）31日，所购丁材料到达，月末尚未收到结算清单，未办理结算手续，估价金额为30 000元。

（9）根据发料凭证汇总表，本月基本生产车间生产产品领用原材料89 600元，车间一般性消耗领用原材料7 200元，厂部管理部门领用原材料2 400元，专设销售机构领用原材料680元。

要求：根据上述资料编制会计分录。

【实训2】

目的：练习计划成本计价法下原材料的核算。

资料：无锡市昌明机械制造厂甲材料的计划成本为100元/千克。2017年12月月初库存甲材料360千克，"材料成本差异"科目为贷方余额2 000元。企业入库材料的计划成本和材料成本差异于月末一次结转。2017年12月，该企业有关甲材料的业务如下：

（1）5日，从A公司购入甲材料480千克，增值税专用发票上注明的价款为50 000元，增值税为8 500元，货款通过银行支付，材料尚未入库。

（2）6日，预付B公司10 000元，用于购买甲材料。

（3）10 日，从 B 公司购入的甲材料 160 千克已运到并验收入库，收到的增值税专用发票上注明的价款为 15 000 元，增值税为 2 550 元。

（4）15 日，开出转账支票补付所欠 B 公司的货款。

（5）20 日，从 C 公司购入甲材料 600 千克，收到的增值税专用发票上注明的价款为 60 000 元，增值税为 10 200 元，款已支付，但材料未到。

（6）25 日，上述（1）中从 A 公司购入的甲材料运到。

（7）28 日，从 D 公司购入甲材料 300 千克，材料已验收入库，但发票尚未收到，货款未付。

（8）31 日，上述（7）中从 D 公司购入的材料发票单据仍未收到，按计划成本 30 000 元暂估入账。

（9）期末结转本月购入甲材料的计划成本，并结转材料成本差异。

（10）"发料凭证汇总表"所列本月发出甲材料如下：生产领用 200 千克，产品销售领用 150 千克，管理部门领用 50 千克，委托加工发出 300 千克。

要求：

（1）根据上述资料编制会计分录。

（2）计算本月材料成本差异分配率，分摊材料成本差异，并编制相关会计分录。

【实训3】

目的：练习委托加工物资的核算。

资料：2017 年 12 月 2 日，A 企业将一批原材料委托外单位代加工成 W 产品（属于应税消费品，产品收回后直接用于销售），发出原材料的实际成本为 100 000 元，月末从受托方取得的增值税专用发票上注明的加工费用为 10 000 元，增值税为 1 700 元，受托方代垫运费 360 元，增值税 39.6 元；取得的消费税代扣代缴报告表上注明的消费税为 5 842 元。加工完毕，W 产品验收入库。

要求：根据上述资料编制会计分录。

【实训4】

目的：练习周转材料——包装物的核算。

资料：甲公司包装物采用实际成本计价核算，2017 年 12 月发生以下经济业务：

（1）2 日，生产领用包装物一批，实际成本为 1 500 元，用于包装产品。

（2）6 日，销售产品领用包装物一批，单独计价 2 340 元（其中增值税为 340 元），款项已收存银行。该批包装物实际成本为 1 620 元。

（3）12 日，销售产品领用包装物一批，不单独计价，其实际成本为 1 000 元。

（4）15 日，随产品销售出租包装箱 100 只，每只实际成本 80 元，每只收取押金 100 元，租金为每只 10 元/月，租期 3 个月，租金于退还包装物时扣收（该批包装物摊销采用一次转销法）。

（5）31 日，到期收回 10 月份出租的包装箱 50 只。扣取租金 1 500 元后，以银行存款退回押金 3 500 元。

要求：根据上述资料编制相关会计分录。

【实训5】

目的：练习周转材料——低值易耗品的核算。

资料：甲企业为增值税一般纳税人，低值易耗品采用实际成本计价核算，办公用具采用一次转销法，专用工具采用分次摊销法。2017年12月发生如下经济业务：

（1）2日，购入一批专用工具，增值税专用发票上列明的价款为5 000元，增值税为850元，款项已开出支票支付，专用工具已验收入库。

（2）10日，行政管理部门领用办公用具一批，其实际成本为1 200元。

（3）20日，生产车间领用专用工具一批，实际成本为3 600元，预计可使用9个月。

（4）31日，生产车间报废一批专用工具（预计使用5个月），其实际成本为1 500元，已摊销完毕。收回残料作价50元，可作辅材使用。

要求：根据上述资料编制相关会计分录。

【实训6】

目的：练习存货清查的核算。

资料：甲企业是增值税一般纳税人，适用的增值税税率为17%。2017年年末对库存材料进行盘点，将账实不符的材料数量、金额及原因编制"存货盘点盈/亏报告表"，并上报审批，见表4-4。

表4-4　　　　　　　　　**存货盘点盈/亏报告表**
2017年12月31日
　　　　　　　　　　　　　　　　　　　　　　　　　　　金额单位：元

编号	品名	计量单位	数量		实际单价	盘盈		盘亏		备注
			账存	实存		数量	金额	数量	金额	
略	角钢	千克	820	850	3.00	30	90.00			计量误差
	圆钢	千克	1 000	980	2.80			20	56.00	管理不善
	铝材	立方米	5	0	600			5	3 000.00	火灾损失，保险公司赔偿2 700元
合计							90.00		3 056.00	
审批意见	按财务制度处理。　　　　　　　主管领导：张大良　　　　　　　　　　　　2017年12月31日									

要求：根据上述资料编制相关会计分录。

【实训7】

目的：练习期末存货计价的核算

资料：2017年12月31日，甲公司有关A产品情况如下：

（1）A产品100件，每件成本10万元，账面总成本1 000万元，其中，40件已与乙公司签订不可撤销的销售合同，销售价格为每件11万元，其余未签订销售合同。A产品2017年12月31日的市场价格为每件10.2万元，预计销售每件A产品需要发生的销售费用及相关税金为0.5万元。

（2）2017年1月1日，存货跌价准备贷方余额为10万元（均为对A产品计提的存货跌价准备）。

要求：

（1）计算2017年12月31日A产品应计提的存货跌价准备。

（2）编制计提存货跌价准备的会计分录。

第5章　金融资产

内容结构图

本章内容结构图如图5-1所示。

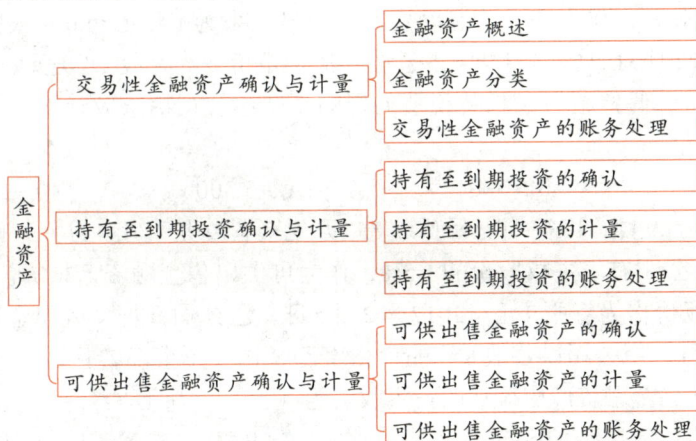

图5-1　本章内容结构图

预习要览

本章重点与难点

1.交易性金融资产确认与计量的基本原理、核算方法；

2.持有至到期投资确认与计量的基本原理、核算方法；

3.可供出售金融资产确认与计量的基本原理、核算方法；

4.金融资产减值的判断、计算及账务处理。

主要概念

金融工具　金融资产　交易性金融资产　持有至到期投资　实际利率　实际利率法
可供出售金融资产　金融资产减值

同步测试

一、单项选择题

1.2017年2月3日，甲公司以银行存款2 004万元（其中含相关交易费用4万元）从二级市场购入乙公司股票100万股，作为交易性金融资产核算。2017年7月10日，甲公司收到乙公司于当年5月25日宣告分派的现金股利40万元，2017年12月31日，上述股票的公允价值为 2 800 万元，不考虑其他因素，该项投资使甲公司 2017 年营业利润增加的金额为（   ）万元。

A.797　　　　　　　　B.800　　　　　　　　C.836　　　　　　　　D.840

2.2017 年 12 月 31 日，甲公司持有的某项可供出售权益工具投资的公允价值为 2 300 万元，账面价值为 3 600 万元。该可供出售权益工具投资前期已因公允价值下降减少账面价值 1 500 万元。考虑到股票市场持续低迷已超过 9 个月，甲公司判断该资产价值发生严重且非暂时性下跌。甲公司对该金融资产应确认的减值损失金额为（   ）万元。

A.700　　　　　　　　B.1 300　　　　　　　C.1 500　　　　　　　D.2 800

3.甲公司的记账本位币为人民币。2017 年 12 月 5 日甲公司以每股 2 美元的价格购入 5 000 股乙公司股票，作为交易性金融资产，当日汇率为 1 美元=6.6 元人民币，款项已经支付。2017 年 12 月 31 日，当月购入的乙公司股票市价变为每股 2.1 美元，当日汇率为 1 美元=6.4 元人民币。假定不考虑相关税费的影响，则甲公司期末应计入当期损益的金额为（   ）元人民币。

A.1 200　　　　　　　B.5 300　　　　　　　C.-5 300　　　　　　　D.-1 200

4.2016 年 6 月 9 日，甲公司支付价款 855 万元（含交易费用 5 万元）购入乙公司股票 100 万股，占乙公司有表决权股份的 1.5%，作为可供出售金融资产核算。2016 年 12 月 31 日，该股票市场价格为每股 9 元。2017 年 2 月 5 日，乙公司宣告发放现金股利 1 000 万元。2017 年 8 月 21 日，甲公司以每股 8 元的价格将乙公司股票全部转让。甲公司 2017 年利润表中因该可供出售金融资产应确认的投资收益为（   ）万元。

A.-40　　　　　　　　B.-55　　　　　　　　C.-90　　　　　　　　D.-105

5.下列各项外币资产发生的汇兑差额，不应计入当期损益的是（   ）。

A.银行存款　　　　　　　　　　　　B.可供出售外币货币性金融资产

C.交易性金融资产　　　　　　　　　D.可供出售外币非货币性金融资产

6.下列各项中，影响利润表中投资收益金额的是（   ）。

A.采用权益法核算的长期股权投资，持有期间被投资单位宣告分派现金股利

B.取得交易性金融资产所支付的交易费用

C.取得持有至到期投资所支付的交易费用

D.取得可供出售金融资产所支付的交易费用

7.2018 年 2 月 1 日，A 公司支付价款 1 060 000 元，从二级市场购入 B 公司发行的股票 100 000 股，作为交易性金融资产核算，每股价格 10.6 元（含已宣告但尚未发放的现金股利 0.60 元），另支付交易费用 1 000 元。假定不考虑其他因素，2018 年 2 月 1 日，A 公司应将已宣告但尚未发放的现金股利 60 000 元确认为（   ）。

A.应收股利　　　　　　　　　　　　B.投资收益

C.预收账款　　　　　　　　　　　　D.交易性金融资产——成本

8.企业在处置持有的交易性金融资产时，将售价与账面价值的差额计入（   ）。

A.投资收益　　　　　　　　　　　　B.营业外收支

C.资本公积　　　　　　　　　　　　D.公允价值变动损益

9.下列各项中，应当计入投资收益的是（   ）。

A.投资者的出资额大于其在被投资单位注册资本中所占份额的金额

B.采用权益法核算的长期股权投资，在持股比例不变的情况下，投资企业享有被投资单位除净损益以外所有者权益的其他变动份额

C.债务重组收益

D.以交易性金融资产进行非货币性资产交换换出资产的账面价值高于其公允价值的差额

10.以下关于持有至到期投资的叙述中，不正确的是（   ）。

A.持有至到期投资，是指到期日固定、回收金额固定或可确定，且企业有明确意图和能力持有至到期的非衍生金融资产

B.处置持有至到期投资时，售价与账面价值的差额计入营业外收支

C.持有至到期投资的会计处理，着重于该金融资产的持有者打算"持有至到期"，未到期前通常不会出售或重分类

D.持有至到期投资的后续计量应采用实际利率法，按摊余成本计量

11.2017年1月1日，甲公司自证券市场购入面值总额为3 000万元的债券。购入时实际支付价款2 909.75万元，另外支付交易费用10万元。甲公司将该债券作为持有至到期投资核算，不考虑其他因素，交易费用10万元在以下（   ）科目中反映。

A.持有至到期投资——利息调整   B.持有至到期投资——成本

C.投资收益   D.财务费用

12.A公司于2018年1月1日从证券市场上购入B公司发行在外的股票100万股作为可供出售金融资产，每股支付价款5元，另支付相关费用20万元，A公司可供出售金融资产在取得时的入账价值为（   ）万元。

A.520   B.500   C.510   D.440

13.A公司于2016年1月1日销售商品给B公司，应收B公司1 500万元，2016年12月31日计提坏账准备300万元。2017年该笔应收账款的未来现金流量现值为1 000万元，则2017年该笔应收账款应计提的坏账准备为（   ）万元。

A.200   B.250   C.500   D.0

14.2016年1月1日，甲公司自证券市场购入面值总额为3 000万元的债券。购入时实际支付价款2 909.75万元，另外支付交易费用10万元。该债券发行日为2016年1月1日，系分期付息、到期还本债券，期限为3年，票面年利率为5%，实际年利率为6%，每年12月31日支付当年利息。甲公司将该债券作为持有至到期投资核算，不考虑其他因素，2017年应确认的投资收益为（   ）万元。

A.176.7   B.120   C.115.05   D.119.22

二、多项选择题

1.下列关于可供出售金融资产的会计处理中，正确的有（   ）。

A.满足一定条件时，持有至到期投资与交易性金融资产均可重分类为可供出售金融资产

B.处置可供出售金融资产时，应将相关的其他综合收益转入投资收益

C.对可供出售金融资产计提减值准备时，应将原计入其他综合收益的金额转入资产减值损失

D.衍生金融资产不得划分为可供出售金融资产

2.下列各项中，应计入相关金融资产或金融负债初始入账价值的有（　　）。

A.取得交易性金融资产发生的交易费用

B.对联营企业投资发生的交易费用

C.取得持有至到期投资发生的交易费用

D.取得可供出售金融资产发生的交易费用

3.下列各项中，属于影响持有至到期投资摊余成本因素的有（　　）。

A.确认的减值准备　　　　　　　　　　B.分期收回的本金

C.利息调整的累计摊销额　　　　　　　D.持有至到期投资公允价值变动

4.下列金融资产应当以摊余成本进行后续计量的有（　　）。

A.交易性金融资产　　　　　　　　　　B.持有至到期投资

C.可供出售金融资产　　　　　　　　　D.贷款和应收款项

5.下列各项涉及交易费用会计处理的表述中，正确的有（　　）。

A.购买子公司股权发生的手续费直接计入当期损益

B.定向增发普通股支付的券商手续费直接计入当期损益

C.购买交易性金融资产发生的手续费直接计入当期损益

D.购买持有至到期投资发生的手续费直接计入当期损益

6.下列金融资产对企业财务状况和经营成果影响的说法中，正确的有（　　）。

A.可供出售金融资产公允价值的变动，既不影响利润，也不影响净资产

B.交易性金融资产公允价值的变动影响利润

C.指定为以公允价值计量且其变动计入当期损益的金融资产公允价值的变动影响利润

D.持有至到期国债摊余成本的变动不影响利润

7.以下金融资产中，不能划分为持有至到期投资的有（　　）。

A.在初始确认时即被指定为以公允价值计量且其变动计入当期损益的非衍生金融资产

B.在初始确认时被指定为可供出售的非衍生金融资产

C.符合贷款和应收款项定义的非衍生金融资产

D.到期日固定、回收金额固定或可确定，且企业有明确意图和能力持有至到期的非衍生金融资产

8.下列各项中，应计入投资收益的有（　　）。

A.持有至到期投资出售时，实际收到的款项与账面价值的差额

B.取得交易性金融资产时，所支付的交易费用

C.可供出售金融资产在资产负债表日公允价值与其账面价值的差额

D.用权益法核算的长期股权投资，持有期间被投资单位宣告分派现金股利

9.以下关于金融资产减值损失的叙述中，正确的有（　　）。

A.持有至到期投资以摊余成本后续计量，其发生减值时，应当将该金融资产的账面价值与预计未来现金流量现值之间的差额，确认为减值损失，计入当期损益

B.外币金融资产发生减值的，预计未来现金流量现值应先按外币确定，在计量减值时再按资产负债表日即期汇率折算为记账本位币反映的金额

C.对持有至到期投资确认减值损失后，如有客观证据表明该金融资产价值已恢复且客观上与确认该损失后发生的事项有关，原确认的减值损失应当予以转回，计入当期

损益

D.如果交易性金融资产的公允价值持续下跌，应确认为减值损失，计入当期损益

10.金融资产发生减值的客观证据，包括（ ）。

A.发行方或债务人发生严重财务困难

B.债务人违反了合同条款，如偿付利息或本金发生违约或逾期

C.债权人出于经济或法律等方面因素的考虑，对发生财务困难的债务人作出让步

D.债务人很可能倒闭或进行其他财务重组

三、判断题

1.持有至到期投资，应当采用实际利率法，按摊余成本计量。 （ ）

2.持有至到期投资重分类为可供出售金融资产的，应在重分类日，按持有至到期投资的账面价值，借记"可供出售金融资产——成本"科目，按其公允价值，贷记"持有至到期投资——成本""持有至到期投资——利息调整""持有至到期投资——应计利息"科目，按其差额，贷记或借记"资本公积——其他资本公积"科目。 （ ）

3.企业取得的债券投资确认为交易性金融资产的，资产负债表日应采用实际利率法确认利息收入计入投资收益。 （ ）

4.企业为取得持有至到期投资发生的交易费用应计入其初始确认金额。 （ ）

5.交易性金融资产期末按公允价值计量，期末不能计提减值准备；可供出售金融资产期末也按公允价值计量，因此期末也不能计提减值准备。 （ ）

6.企业持有可供出售金融资产期间，取得的债券利息或现金股利应当冲减可供出售金融资产的账面价值。 （ ）

7.确定可供出售金融资产发生减值的，按应减记的金额，借记"资产减值损失"科目，贷记"可供出售金融资产减值准备"科目。 （ ）

8.权益工具投资的公允价值发生严重或非暂时性下跌，表明该项金融资产发生减值。 （ ）

9.在活跃市场中没有报价且其公允价值不能可靠计量的权益工具投资，发生减值时，应当将该权益工具投资或衍生金融资产的账面价值，与按照类似金融资产当时市场收益率对未来现金流量折现确定的现值之间的差额，确认为减值损失，计入当期损益。 （ ）

四、计算分析题

【计算分析题1】

2015年5月1日，甲公司从股票二级市场以每股15元的价格购入乙公司发行的股票2 000 000股，占乙公司有表决权股份的5%，对乙公司无重大影响，甲公司将该股票划分为可供出售金融资产。其他资料如下：

（1）2015年12月31日，该股票的市场价格为每股13元。甲公司预计该股票的价格下跌是暂时的。

（2）2016年，乙公司因违反相关证券法规，受到证券监管部门查处。受此影响，乙公司股票的价格发生下跌。至2016年12月31日，该股票的市场价格下跌到每股6元。

（3）2017年，乙公司整改完成，加之市场宏观面好转，股票价格有所回升，至2017年12月31日，该股票的市场价格上升到每股10元。

假定2016年和2017年均未分派现金股利，不考虑其他因素的影响。

要求：编制甲公司可供出售金融资产有关的会计分录。

【计算分析题2】

2015年1月1日，A公司从债券二级市场购入B公司发行的3年期债券100万张，每张面值为100元，票面利率为5%，支付价款10 555.3万元，相关交易费用为10万元，A公司将其划分为持有至到期投资。假定年实际利率为3%，债券按年计提利息，利息于每年年末收到，不考虑其他因素。相关现值系数：（P/A，3%，3）=2.8286；（P/F，3%，3）=0.9151。

要求：编制A公司持有至到期投资有关的会计分录。

（答案中的金额单位用万元表示）

【计算分析题3】

甲公司2017年度与投资相关的交易或事项如下：

（1）2017年1月1日，以银行存款从市场上购入2 000万股乙公司发行在外的普通股，准备随时出售，每股市价为8元，另支付相关税费30万元。甲公司对乙公司不具有控制、共同控制或重大影响。12月31日，乙公司股票的市场价格为每股9元。

（2）2017年1月1日，以银行存款1 000万元购入丙公司当日按面值发行的3年期、分期付息到期还本的债券，甲公司计划持有至到期。该债券票面年利率为6%，与实际年利率相同，利息于每年12月31日支付。12月31日，甲公司持有的该债券市场价格为998万元。

（3）2017年1月1日，购入丁公司发行的认股权证100万份，成本100万元，每份认股权证可于2年后按每股5元的价格认购丁公司增发的1股普通股股票。12月31日，该认股权证的市场价格为每份0.6元。

（4）2017年2月1日，取得戊上市公司100万股股份，成本为1 500万元，对戊公司不具有控制、共同控制或重大影响。该股份自2017年2月1日起限售期为3年。甲公司在取得该股份时未将其分类为以公允价值计量且其变动计入当期损益的金融资产。该股份于2017年12月31日的市场价格为1 400万元。甲公司管理层判断，戊上市公司股票的公允价值未发生持续严重下跌。假定，不考虑所得税的影响；不需编制结转损益的会计分录。

要求：

（1）判断甲公司取得乙公司、丙公司、丁公司和戊公司投资应划分的金融资产的类别，并说明理由。

（2）编制对乙公司投资2017年度有关业务的会计分录。

（3）编制对丙公司投资2017年度有关业务的会计分录。

（4）编制对丁公司投资2017年度有关业务的会计分录。

（5）编制对戊公司投资2017年度有关业务的会计分录。

（答案中的金额单位用万元表示）

五、综合题

甲公司2015年至2017年对乙公司股票投资的有关资料如下：

资料一：2015年1月1日，甲公司定向发行每股面值为1元、公允价值为4.5元的普通股1 000万股作为对价取得乙公司30%有表决权的股份。交易前，甲公司与乙公司不存在关联方关系且不持有乙公司股份，交易后，甲公司能够对乙公司施加重大影响。取得投资日，乙公司可辨认净资产的账面价值为16 000万元，除行政管理用W固定资产外，其他各项资产、负债的公允价值分别与其账面价值相同。该固定资产原价为500万元，原预计使用年限为5年，预计净残值为零，采用年限平均法计提折旧，已计提折旧100万元；当日，该固定资产的公允价值为480万元，预计尚可使用4年，与原预计剩余年限相一致，预计净残值为零，继续采用原方法计提折旧。

资料二：2015年8月20日，乙公司将其成本为900万元的M商品以不含增值税的价格1 200万元出售给甲公司。至2015年12月31日，甲公司向非关联方累计售出该商品的50%，剩余50%作为存货，未发生减值。

资料三：2015年度，乙公司实现的净利润为6 000万元，因可供出售金融资产公允价值变动增加其他综合收益200万元，未发生其他影响乙公司所有者权益变动的交易或事项。

资料四：2016年1月1日，甲公司将对乙公司股权投资的80%出售给非关联方，取得价款5 600万元，相关手续于当日完成，剩余股份当日公允价值为1 400万元。出售部分股份后，甲公司对乙公司不再具有重大影响，将剩余股权投资转为可供出售金融资产。

资料五：2016年6月30日，甲公司持有乙公司股票的公允价值下跌至1 300万元，预计乙公司股价下跌是暂时性的。

资料六：2016年7月起，乙公司股票价格持续下跌，至2016年12月31日，甲公司持有乙公司股票的公允价值下跌至800万元，甲公司判断该股权投资已发生减值，并计提减值准备。

资料七：2017年1月8日，甲公司以780万元的价格在二级市场上售出所持乙公司的全部股票。

资料八：甲公司和乙公司采用的会计政策、会计期间相同，假定不考虑增值税、所得税等其他因素。

要求：

（1）判断说明甲公司2015年度对乙公司的长期股权投资应采用的核算方法，并编制甲公司取得乙公司股权投资的会计分录。

（2）计算甲公司2015年度应确认的投资收益和应享有乙公司其他综合收益变动的金额，编制相关会计分录。

（3）计算甲公司2016年1月1日处置部分股权投资交易对公司营业利润的影响额，并编制相关会计分录。

（4）分别编制甲公司2016年6月30日和12月31日与持有乙公司股票相关的会计分录。

（5）编制甲公司2017年1月8日处置乙公司股票的相关会计分录。（"长期股权投资""可供出售金融资产"科目应写出必要的明细科目）

六、实训题

海华股份于2015年1月1日支付价款1 010元（其中交易费用10元），从市场上购买了东旭光电于同日发行的3年期公司债券，面值为1 100元，票面利率为3%，每年年末付息一次，到期还本。经计算实际利率为6.065%，海华股份将该项投资划分为持有至到期投资。（假设不考虑所得税及减值等因素的影响）

相关原始凭证见表5-1至表5-2。

表 5-1

证券交易回单

证券名称	东电债券
证券代码	112003
成交日期	20150101
成交数量	10
成交价格	100.00
成交时间	201501010940
操　作	买入
发生金额	1 000.00
手续费	8.00
印花税	0.00
过户费	2.00
其他费	0.00
合同号	630
成交序号	235675
账　号	××××××××××

表 5-2

中国工商银行
转账支票存根
23097152

附加信息

_____

_____

出票日期 2015 年 01 月 01 日

收款人：银河证券有限责任公司	
金　额	￥1 010.00
用　途	购买债券投资款项

单位主管　王玲　会计　郑源杰

实训要求：根据上述资料完成利息收益及利息调整摊销额计算表（实际利率法）（见表 5-3）（结果保留整数），并填制 2015 年 1 月 1 日至 2017 年 12 月 31 日的记账凭证。

表 5-3　**利息收益及利息调整摊销额计算表（实际利率法）**　单位：元

年份	期初摊余成本	实际利息收益（期初摊余成本×实际利率）	现金流入（面值×票面利率）	利息调整摊销额	期末摊余成本
	①	②=①×6.065%	③	④=②-③	⑤=①+④
2015					

实训资料：

记 账 凭 证
年　月　日　　　　　　　　　　第＿＿号

摘　要	总账科目	明细科目	√	借　方	贷　方
				千百十万千百十元角分	千百十万千百十元角分
合　计					

附件　张

会计主管：　　　　记账：　　　　复核：　　　　填制：

记 账 凭 证
年　月　日　　　　　　　　　　第＿＿号

摘　要	总账科目	明细科目	√	借　方	贷　方
				千百十万千百十元角分	千百十万千百十元角分
合　计					

附件　张

会计主管：　　　　记账：　　　　复核：　　　　填制：

记 账 凭 证
年　月　日　　　　　　　　　　第＿＿号

摘　要	总账科目	明细科目	√	借　方	贷　方
				千百十万千百十元角分	千百十万千百十元角分
合　计					

附件　张

会计主管：　　　　记账：　　　　复核：　　　　填制：

记 账 凭 证

年 月 日　　　　　　　　　　　　　　　　　　第＿＿号

摘 要	总账科目	明细科目	√	借 方										贷 方										附件张
				千	百	十	万	千	百	十	元	角	分	千	百	十	万	千	百	十	元	角	分	
合 计																								

会计主管：　　　　　　记账：　　　　　　　复核：　　　　　　填制：

记 账 凭 证

年 月 日　　　　　　　　　　　　　　　　　　第＿＿号

摘 要	总账科目	明细科目	√	借 方										贷 方										附件张
				千	百	十	万	千	百	十	元	角	分	千	百	十	万	千	百	十	元	角	分	
合 计																								

会计主管：　　　　　　记账：　　　　　　　复核：　　　　　　填制：

第6章 长期股权投资

内容结构图

本章内容结构图如图6-1所示。

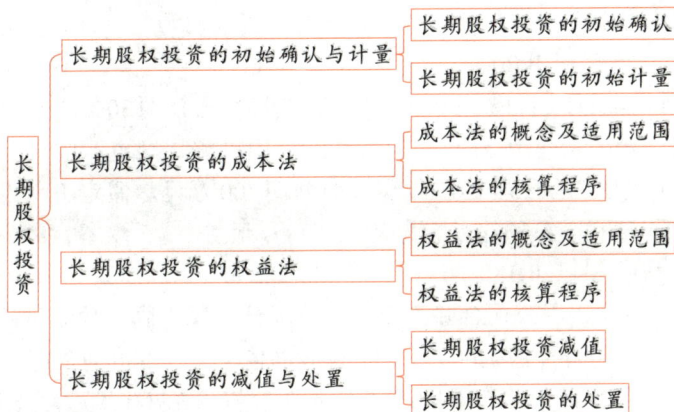

图6-1 本章内容结构图

预习要览

本章重点与难点

1. 长期股权投资的初始确认与计量；
2. 长期股权投资成本法与权益法的核算；
3. 长期股权投资减值准备的测试及会计处理方法；
4. 长期股权投资处置的会计处理。

主要概念

长期股权投资 控制 共同控制 重大影响 成本法 权益法 可收回金额

同步测试

一、单项选择题

1. A公司于2017年以3 000万元取得B上市公司（以下简称B公司）25%的股权，能够对B公司施加重大影响，采用权益法核算该项股权投资，当年度确认对B公司的投资收益300万元。2018年1月1日，A公司又出资5 000万元自C公司取得B公司另外30%的股权。假定A公司在取得对B公司的长期股权投资以后，B公司并未宣告发放现金股利或利润，也未发生其他计入所有者权益的交易事项。A公司对该项长期股权投资未计提任何减值准备。A公司与C公司不存在任何关联方关系。假定不考虑所得税的影响。购买日原25%股权投资的公允价值为3 400万元，则当日A公司个别财务报表中对B公司长期股权投资的账面价值为（　　）万元。

  A.16 000   B.8 300   C.10 000   D.17 000

  2.甲公司于2017年1月1日与乙公司签订协议，以3 000万元购入乙公司持有的B公司20%股权，从而对B公司有重大影响。投资日B公司可辨认净资产账面价值与公允价值均为16 000万元。2017年B公司实现净利润1 000万元，B公司持有可供出售金融资产公允价值上升，增加资本公积的金额为200万元。甲公司2018年1月2日将该投资以3 460万元转让，不考虑其他因素，甲公司转让时应确认的投资收益为（　　）万元。

  A.460   B.20   C.60   D.500

  3.甲公司2017年1月1日以3 000万元的价格购入乙公司30%的股份，对乙公司具有重大影响，另支付相关费用10万元。购入时乙公司可辨认净资产的公允价值为11 000万元（与账面价值相等）。乙公司2017年实现净利润700万元。假定不考虑其他因素，该投资对甲公司2017年度利润总额的影响为（　　）万元。

  A.500   B.180   C.290   D.480

  4.2017年3月20日，甲公司合并乙企业，该项合并属于同一控制下的企业合并。合并中，甲公司发行本公司普通股1 000万股（每股面值1元，市价为2.1元），作为对价取得乙企业60%股权。合并日，乙企业的净资产账面价值为3 700万元，公允价值为3 500万元。假定合并前双方采用的会计政策及会计期间均相同。不考虑其他因素，甲公司对乙企业长期股权投资的初始投资成本为（　　）万元。

  A.2 220   B.2 100   C.3 200   D.3 500

  5.长期股权投资采用权益法核算时，下列各项中，影响"长期股权投资——其他综合收益"科目余额的因素是（　　）。

  A.被投资单位实现净利润

  B.被投资单位因投资性房地产转换导致其他综合收益增加

  C.被投资单位宣告分配现金股利

  D.投资企业与被投资单位之间的未实现内部交易损益

  6.非同一控制下的企业合并，购买方为企业合并发生的审计、法律服务、评估咨询等中介费用应计入（　　）。

  A.长期股权投资   B.管理费用   C.资本公积   D.财务费用

  7.A公司以自身权益工具和一项作为固定资产核算的厂房作为对价，取得C公司30%股权。2016年5月1日A公司定向增发500万股普通股股票，每股面值1元，每股公允价值为20元；另支付承销商佣金、手续费等100万元；厂房的账面价值为2 000万元，公允价值为2 400万元。当日办理完毕相关法律手续，C公司可辨认净资产的公允价值为42 000万元。A公司取得C公司30%股权的初始投资成本为（　　）万元。

  A.12 500   B.12 400   C.12 600   D.12 000

  8.甲公司通过定向增发普通股，自乙公司原股东处取得乙公司30%的股权。该项交易中，甲公司定向增发股份的数量为1 000万股（每股面值1元，每股公允价值为2元），发行股份过程中向证券承销机构支付佣金及手续费共计50万元。除发行股份外，甲公司还承担了乙公司原股东对第三方的债务600万元（未来现金流量现值）。取得投资时，乙公司股东大会已通过利润分配方案。甲公司对乙公司长期股权投资的初始投资成本为（　　）万元。

    A.2 500　　　　　　B.2 450　　　　　　C.2 350　　　　　　D.2 600

9.A、B两家公司在2017年以前不具有任何关联方关系。A公司于2017年1月1日以本企业的固定资产对B公司投资，取得B公司60%的股权，能对B公司实施控制。该固定资产原值1 500万元，已计提折旧400万元，已提取减值准备50万元，公允价值为1 250万元。合并过程中发生资产评估费、审计费等共计20万元。合并日，B公司所有者权益账面价值总额为2 000万元，可辨认净资产公允价值总额为2 500万元。2017年4月10日，B公司宣告分派现金股利500万元。B公司2017年度实现净利润1 000万元。假设不考虑其他相关税费，A公司2017年度由于该项投资计入当期损益的金额为（　　）万元。

    A.480　　　　　　B.240　　　　　　C.440　　　　　　D.460

10.甲公司以定向增发股票的方式购买同一集团内另一企业持有的A公司80%的股权。为取得该股权，甲公司增发2 000万股普通股，每股面值为1元，每股公允价值为5元；支付承销商佣金100万元。取得该股权时，A公司可辨认净资产账面价值为12 000万元，公允价值为15 000万元。假定甲公司和A公司采用的会计政策和会计期间相同，则甲公司取得该股权时应确认的资本公积为（　　）万元。

    A.9 950　　　　　　B.10 000　　　　　　C.7 500　　　　　　D.7 600

11.下列各项中，影响长期股权投资账面价值增减变动的是（　　）。

A.采用权益法核算的长期股权投资，持有期间被投资单位宣告分派股票股利

B.采用权益法核算的长期股权投资，持有期间被投资单位宣告分派现金股利

C.采用成本法核算的长期股权投资，持有期间被投资单位宣告分派股票股利

D.采用成本法核算的长期股权投资，持有期间被投资单位宣告分派现金股利

12.甲公司和A公司均为同一集团公司内的两家公司。2017年12月1日，甲公司以2 600万元购入A公司60%的普通股权，并准备长期持有，同时支付相关税费20万元。A公司2017年12月1日的所有者权益账面价值总额为5 000万元，可辨认净资产的公允价值为4 800万元。则甲公司应确认的长期股权投资初始投资成本为（　　）万元。

    A.2 600　　　　　　B.2 620　　　　　　C.3 000　　　　　　D.2 880

13.2017年10月3日，甲公司以一项固定资产（不动产）作为对价，取得乙公司40%的有表决权资本，能够对乙公司施加重大影响。甲公司付出的该项固定资产原价为5 600万元，已提折旧1 000万元，未计提减值准备，当日的公允价值为4 000万元。取得该项投资时，乙公司所有者权益账面价值为11 000万元，可辨认净资产公允价值为12 000万元。取得该项股权投资过程中甲公司另发生手续费等50万元。双方采用的会计政策、会计期间相同。甲公司取得该项股权投资时影响2017年度的利润总额为（　　）万元。

    A.700　　　　　　B.-600　　　　　　C.150　　　　　　D.200

14.A公司2016年年初持有的B公司股权投资的账面余额为360万元，占B公司股权比例的40%，采用权益法核算，A公司没有对B公司的其他长期权益，也没有承担额外义务。当年B公司亏损200万元；2017年B公司亏损800万元；2018年B公司实现净利润60万元。假定不考虑其他因素。2018年A公司计入投资收益的金额为（　　）万元。

A.24　　　　　　B.20　　　　　　C.16　　　　　　D.0

15.A公司于2017年1月1日取得对联营企业30%的股权，取得投资时被投资单位的固定资产公允价值为500万元，账面价值为200万元，固定资产的预计尚可使用年限为10年，净残值为零，按照年限平均法计提折旧。被投资单位2017年度利润表中净利润为1 000万元。被投资单位2017年10月7日向投资企业销售商品一批，售价为70万元，成本为50万元，至2017年12月31日，投资单位尚未出售上述商品。假定不考虑所得税的影响，A公司按权益法核算2017年度应确认的投资收益为（　　　）万元。

A.300　　　　　　B.291　　　　　　C.309　　　　　　D.285

16.2017年1月1日，甲公司以8 000万元购入乙公司30%的股权，确认为长期股权投资，采用权益法核算。乙公司可辨认净资产账面价值为30 000万元，公允价值为32 000万元，其差额均为固定资产账面价值与公允价值的差额。假定甲公司固定资产采用直线法计提折旧，剩余折旧年限为10年，预计净残值为零。乙公司2017年发生亏损2 000万元，分派上年度的现金股利400万元，假设不考虑所得税影响，则甲公司2017年年末该项长期股权投资的账面余额为（　　　）万元。

A.7 310　　　　　B.7 370　　　　　C.7 400　　　　　D.8 820

17.A公司是甲公司的母公司的全资子公司。2017年12月1日，甲公司以1 300万元购入A公司60%的股权，并准备长期持有，甲公司同时支付审计费10万元。A公司2017年12月1日的所有者权益账面价值总额为2 100万元，相对于集团最终控制方的账面价值总额为2 000万元，可辨认净资产的公允价值为2 400万元。则甲公司应确认的长期股权投资初始投资成本为（　　　）万元。

A.1 300　　　　　B.1 310　　　　　C.1 200　　　　　D.1 440

二、多项选择题

1.下列项目中，投资企业应确认投资收益的有（　　　）。

A.成本法核算的被投资企业实现净利润

B.成本法核算的被投资企业宣告发放现金股利

C.可供出售金融资产持有期间被投资单位宣告分派现金股利

D.权益法核算的被投资单位实现净利润

2.长期股权投资采用权益法核算的，下列各项中，属于投资企业确认投资收益应考虑的因素有（　　　）。

A.被投资单位实现净利润

B.被投资单位资本公积增加

C.被投资单位宣告分派现金股利

D.投资、企业与被投资单位之间的未实现内部交易损益

3.在非企业合并的情况下，下列各项中，应作为长期股权投资取得时初始成本入账的有（　　　）。

A.投资非现金资产的公允价值

B.投资时支付的不含应收股利的价款

C.投资时支付款项中所含的已宣告但尚未领取的现金股利

D.投资时支付的相关税费

4.下列各项中，投资方不应确认投资收益的事项有（　　）。

A.采用权益法核算长期股权投资，被投资方实现的净利润

B.采用权益法核算长期股权投资，被投资方因可供出售金融资产公允价值上升而增加的其他综合收益

C.采用权益法核算长期股权投资，被投资方宣告分派的现金股利

D.采用成本法核算长期股权投资，被投资方宣告分派的属于投资后实现的现金股利

5.下列成本法和权益法之间的转换，说法正确的有（　　）。

A.由于减资由成本法转换为权益法不需要对长期股权投资的账面价值进行追溯调整

B.由于减资由成本法转换为权益法需要对长期股权投资的账面价值进行追溯调整

C.由于增资由权益法转换为成本法需要对长期股权投资的账面价值进行追溯调整

D.由于增资由权益法转换为成本法不需要对长期股权投资的账面价值进行追溯调整

6.以下资产所发生的资产减值损失一旦确认不得转回的有（　　）。

A.固定资产

B.无形资产

C.对子公司的长期股权投资

D.债权类可供出售金融资产

7.关于同一控制下的企业合并，下列说法中正确的有（　　）。

A.合并方以支付现金、转让非现金资产或承担债务方式作为合并对价的，应当在合并日按照取得被合并方所有者权益账面价值的份额作为长期股权投资的初始投资成本

B.合并方以支付现金、转让非现金资产或承担债务方式作为合并对价的，应当在合并日按照取得被合并方可辨认净资产公允价值的份额作为长期股权投资的初始投资成本

C.长期股权投资初始投资成本与支付的现金、转让的非现金资产以及所承担债务账面价值之间的差额，应当调整资本公积，资本公积不足冲减的，调整留存收益

D.长期股权投资初始投资成本与支付的现金、转让的非现金资产以及所承担债务账面价值之间的差额，应当计入当期损益

8.关于企业通过多次交易分步实现非同一控制下企业合并在个别财务报表中的处理，下列说法中，正确的有（　　）。

A.应当以购买日之前所持被购买方的股权投资的账面价值与购买日新增投资成本之和，作为该项投资的初始投资成本

B.应当以购买日之前所持被购买方的股权投资的初始投资成本与购买日新增投资成本之和，作为该项投资的初始投资成本

C.购买日之前持有的被购买方的股权涉及其他综合收益的，应当在处置该项投资时将与其相关的其他综合收益转入当期投资收益

D.购买日之前持有的被购买方的股权涉及其他综合收益的，应当在购买日将与其相关的其他综合收益转入当期投资收益

9.采用权益法核算时，下列各项中，会引起长期股权投资账面价值发生变动的有（　　）。

A.收到被投资单位分派的股票股利

B.被投资单位资本公积变动影响所有者权益变动

C.被投资单位以资本公积转增资本

D.计提长期股权投资减值准备

10.关于长期股权投资权益法核算，下列说法中，正确的有（　　　）。

A.长期股权投资的初始投资成本大于投资时应享有被投资单位可辨认净资产公允价值份额的，不调整长期股权投资的初始投资成本

B.长期股权投资的初始投资成本大于投资时应享有被投资单位可辨认净资产公允价值份额的，其差额应单独确认为商誉

C.取得长期股权投资发生的相关费用应计入当期损益

D.长期股权投资的初始投资成本小于投资时应享有被投资单位可辨认净资产公允价值份额的，其差额应当计入当期损益，同时调整长期股权投资的初始投资成本

11.甲公司将持有的乙公司20%有表决权的股份作为长期股权投资，并采用权益法核算。该投资是甲公司2016年购入，取得投资当日，乙公司各项可辨认资产、负债的公允价值与其账面价值均相同。2017年12月25日，甲公司以银行存款1 000万元从乙公司购入一批产品，作为存货核算，至12月31日尚未出售。乙公司生产该批产品的实际成本为800万元，2017年度利润表列示的净利润为3 000万元。甲公司在2017年度因存在全资子公司丙公司需要编制合并财务报表，假定不考虑其他因素，下列关于甲公司会计处理的表述中，正确的有（　　　）。

A.合并财务报表中抵销存货40万元

B.个别财务报表中确认投资收益560万元

C.合并财务报表中抵销营业成本160万元

D.合并财务报表中抵销营业收入1 000万元

三、判断题

1.投资企业因减少投资等原因对被投资单位不再具有共同控制或重大影响的，并且在活跃市场中没有报价、公允价值不能可靠计量的长期股权投资，应当改按成本法核算，并以权益法下长期股权投资的公允价值作为按照成本法核算的初始投资成本。（　　　）

2.合并财务报表准则也允许企业直接在对子公司的长期股权投资采用成本法核算的基础上编制合并财务报表，但是所生成的合并财务报表应当符合合并财务报表准则的相关规定。（　　　）

3.在成本法下，除追加投资、将应分得的现金股利或利润转为投资或收回投资外，长期股权投资的余额保持不变。（　　　）

4.同一控制下的企业合并，合并方以支付现金、转让非现金资产或承担债务方式作为合并对价的，应当在合并日按照取得被合并方可辨认净资产公允价值的份额作为长期股权投资的初始投资成本。（　　　）

5.企业合并以外方式以支付现金取得的长期股权投资，应当按照实际支付的购买价款作为初始投资成本，取得长期股权投资时发生的直接相关的费用应计入管理费用。（　　　）

6.企业合并以外方式以发行权益性证券取得的长期股权投资，应当按照被投资单位可辨认净资产公允价值的份额作为初始投资成本。（　　　）

7.投资者投入的长期股权投资，一律应当按照投资合同或协议约定的价值作为初始投资成本。（　　　）

8.企业通过多次交易分步实现非同一控制下企业合并的，在个别财务报表中，应当以

购买日之前所持被购买方的股权投资的公允价值与购买日新增投资成本之和，作为该项投资的初始投资成本。 （　　　）

四、案例分析题

【案例分析题1】

长江股份有限公司（以下简称长江公司）为上市公司，2017年与企业合并、长期股权投资的有关资料如下：

（1）2017年1月1日，长江公司向A公司定向发行500万股普通股（每股面值为1元，每股市价为4元）作为对价，取得A公司拥有的甲公司20%的股权，能够对甲公司施加重大影响。

为进行本次投资，长江公司发生评估费、审计费以及律师费共计100万元；为定向发行股票，长江公司支付了证券商佣金、手续费200万元。2017年1月1日，甲公司可辨认净资产公允价值为9 000万元（与账面价值相等）。长江公司在投资日，确认长期股权投资初始投资成本2 300万元。

（2）2017年，甲公司宣告分配现金股利500万元，实现净利润2 400万元；长江公司在个别财务报表上确认了投资收益100万元。

（3）长江公司为了开展产品多元化，与M公司共同出资设立N公司。双方约定，N公司的生产经营、财务政策必须由投资双方共同决定。长江公司与M公司各持有N公司50%的股权。

长江公司于2017年12月31日，以银行存款980万元和固定资产（厂房）投资。该固定资产原价为3 000万元，累计折旧为1 000万元，未计提减值准备，公允价值为3 000万元，另支付相关税费20万元，相关产权转移手续于2017年12月31日办理完毕。长江公司2017年于个别财务报表中确认长期股权投资4 000万元，确认固定资产处置利得1 000万元。

（4）2017年10月9日，长江公司与大海公司签订《股权及应收债权转让协议》。根据该协议规定，长江公司将持有B公司的股权及应收债权分别以8 000万元和300万元的价格转让给大海公司。长江公司所转让股权的账面价值为10 000万元，占B公司有表决权股份的60%，所转让应收债权的账面价值为500万元。长江公司和大海公司之间不存在关联方关系。按有关法规要求，该股权转让价格须报经国家有关部门审定。2017年10月，长江公司和大海公司的临时股东大会均表决通过了该股权及债权转让协议，且长江公司将股权转让价格按程序上报给了国家有关部门。至2017年年度财务报告批准报出日，长江公司该股权转让价格尚未得到国家有关部门的审定，应收债权转让手续也未办理完毕，但已从大海公司收到相当于该股权及应收债权转让对价总额80%的价款。长江公司于2017年12月31日转销了有关长期股权投资和应收债权，分别确认了股权转让损失2 000万元和应收债权转让损失200万元。

要求：

（1）根据资料（1），分析、判断长江公司确定的对甲公司的长期股权投资初始投资成本是否正确，并说明理由；如不正确，请指出正确的会计处理。

（2）根据资料（1）和（2），分析、判断长江公司对甲公司的长期股权投资应采用何种后续计量方法，并指出长江公司对甲公司确认的投资收益是否正确，并说明理由；如不正确，请指出正确的会计处理。

（3）根据资料（3），分析、判断长江公司对持有的N公司投资的会计处理是否正确，并说明理由。

（4）根据资料（4），分析、判断长江公司在2017年确认与大海公司之间股权及应收债权转让交易形成的转让损失是否正确，并说明理由。

【案例分析题2】

甲公司、乙公司、丙公司于2017年3月31日共同出资设立丁公司，注册资本为5 000万元，甲公司持有丁公司注册资本的38%，乙公司和丙公司各持有丁公司注册资本的31%，丁公司为甲、乙、丙公司的合营企业。甲公司以其固定资产（厂房）出资，出资时该厂房的原价为1 600万元，累计折旧为300万元，公允价值为1 900万元，未计提减值准备；乙公司以一项无形资产作为出资，该项无形资产的账面原价为1 300万元，累计摊销为230万元，公允价值为1 550万元，未计提减值准备；丙公司以1 550万元的现金出资。假定甲公司投出的厂房尚可使用年限为10年，采用年限平均法计提折旧，无残值；乙公司投出的无形资产尚可使用年限为5年，采用直线法摊销，无残值。丁公司2017年实现净利润800万元。假定甲公司、乙公司均有子公司，各自都需要编制合并财务报表；上述交易具有商业实质；不考虑增值税和所得税等相关税费的影响。

要求：编制甲公司2017年度个别财务报表中与长期股权投资有关的会计分录及2017年12月31日编制合并财务报表时的调整分录。

【案例分析题3】

甲公司和乙公司于2017年3月31日共同出资设立丙公司，注册资本为1 900万元，甲公司持有丙公司注册资本的50%，乙公司持有丙公司注册资本的50%，丙公司为甲、乙公司的合营企业。甲公司以其固定资产（厂房）出资，出资时该厂房的原价为1 200万元，累计折旧为320万元，公允价值为1 000万元，未计提减值准备；乙公司以900万元的现金出资，另支付甲公司50万元现金。甲公司投出厂房的尚可使用年限为10年，采用年限平均法计提折旧，无残值。丙公司2017年实现净利润800万元。假定甲公司有子公司，需要编制合并财务报表；上述交易具有商业实质；不考虑增值税和所得税等相关税费的影响。

要求：编制甲公司2017年度个别财务报表中与长期股权投资有关的会计分录及2017年12月31日编制合并财务报表时的调整分录。

【案例分析题4】

甲股份有限公司（以下简称"甲公司"）系一家上市公司，2016年至2017年对乙股份有限公司（以下简称"乙公司"）投资业务的有关资料如下：

（1）甲公司于2016年1月1日购入乙公司20%的股份，购买价款为1 300万元，支付手续费等相关费用200万元，并自取得投资之日起派一名董事参与乙公司的财务和生产经营决策。取得投资日，乙公司可辨认净资产公允价值为8 000万元（包含一项固定资产评估增值1 000万元，预计剩余使用年限为10年，采用直线法计提折旧，预计净残值为零）。

（2）乙公司于2016年实现净利润2 000万元，可供出售金融资产公允价值上升200万元。甲公司与乙公司的会计年度及采用的会计政策相同。假定甲、乙公司间未发生任何内部交易。

（3）2017年1月1日甲公司又以现金1 000万元为对价购入乙公司10%的股权，支付手续费等相关费用 180 万元，至此甲公司共计持有乙公司 30% 的股权，仍然能够对乙公司施加重大影响。取得投资当日乙公司可辨认净资产的公允价值为 10 000 万元。

假定不考虑所得税等其他因素。

要求：

（1）根据资料（1），编制 2016 年 1 月 1 日取得乙公司 20% 股权的会计分录。

（2）根据资料（1）、（2），计算 2016 年 12 月 31 日长期股权投资账面价值，并编制 2016 年权益法后续计量的相关会计分录。

（3）根据资料（3），计算 2017 年 1 月 1 日再次对乙公司投资后长期股权投资的账面价值，并编制相关的会计分录。

五、实训题

【实训1】

甲公司历年按 10% 计提盈余公积，2014—2017 年有关投资业务如下：

（1）甲公司 2014 年 7 月 1 日与 A 公司达成资产置换协议，甲公司以投资性房地产和无形资产换入 A 公司对乙公司的投资，该资产交换协议具有商业实质且换入和换出资产的公允价值能够可靠计量，甲公司占乙公司注册资本的 20%。甲公司换出资产资料见表 6-1。

表 6-1　　　　　　　　　　　　　甲公司换出资产资料　　　　　　　　　　　单位：万元

项目	账面价值	公允价值	备注
投资性房地产	900（成本 800，公允价值变动 100）	1 500	不考虑相关税费
无形资产	2 360（原值 2 610，累计摊销 250）	2 300	应交税费 138

乙公司的其他股份分别由 B、C、D、E 企业平均持有。2014 年 7 月 1 日乙公司可辨认净资产公允价值为 15 000 万元（其中股本 2 000 万元、资本公积 8 000 万元、盈余公积 500 万元、未分配利润 4 500 万元）。取得投资日，除表 6-2 所列项目外，其他资产、负债的公允价值与账面价值相同。

表 6-2　　　　　　　　　　　　　相关资料表　　　　　　　　　　　　单位：万元

项目	账面原价	已折旧或摊销	公允价值	乙公司预计使用年限	乙公司已使用年限	甲公司取得投资后剩余使用年限
固定资产	800	400	900	20	10	10
无形资产	1 000	400	1 200	10	4	6

双方采用的会计期间相同，上述固定资产、无形资产均采用直线法计提折旧或摊销。甲公司按权益法核算对乙公司的投资。

（2）2014 年乙公司实现净利润 1 600 万元（各月均衡）。

（3）2015 年 9 月 20 日乙公司宣告分配 2014 年现金股利 300 万元。

（4）2015 年 9 月 25 日甲公司收到现金股利。

（5）2015 年 12 月乙公司将自用的建筑物等转换为投资性房地产而增加其他综合收益 60 万元。

（6）2015 年乙公司发生净亏损 100 万元。

（7）2016年1月2日，甲公司收购了乙公司的股东B企业、C企业、E企业对乙公司60%的股份，支付价款为12 000万元，自此甲公司占乙公司表决权资本比例的80%，并控制了乙公司。为此，甲公司改按成本法核算。2016年1月2日之前持有的被购买方20%股权的公允价值为4 000万元。2016年1月2日乙公司可辨认净资产公允价值为15 460万元（其中，股本2 000万元、资本公积8 000万元、其他综合收益60万元、盈余公积540万元、未分配利润4 860万元）。

（8）2016年3月1日，乙公司宣告分派2015年度的现金股利300万元。

（9）2016年4月1日收到现金股利。

（10）2016年度，乙公司实现净利润120万元，除实现净利润外，乙公司未发生其他引起其他权益变动的事项。

（11）2017年3月31日，乙公司宣告发放2016年度的现金股利150万元。

假定不考虑所得税影响。

实训要求：

（1）编制2014年7月1日甲公司有关非货币性资产交换的会计分录。

（2）编制2014年甲公司确认投资损益的会计分录。

（3）编制2015年9月20日甲公司因乙公司宣告分配2014年现金股利的会计分录。

（4）编制2015年9月25日甲公司收到现金股利的会计分录。

（5）编制2015年12月因乙公司增加其他综合收益而确认其他综合收益的会计分录。

（6）编制2015年因乙公司发生净亏损而调整长期股权投资账面价值的会计分录，并计算2015年年末长期股权投资的账面价值。

（7）编制2016年1月2日增加投资的会计分录，并确定其购买日，计算在个别财务报表中该项投资的初始投资成本。

（8）计算甲公司2016年1月2日合并报表应确认的合并商誉，并说明编制购买日合并报表时的处理方法。

（9）编制2016年3月1日，乙公司宣告分派2015年度的现金股利的会计分录。

（10）编制2016年4月1日收到现金股利的会计分录。

（11）编制2017年3月31日，乙公司宣告发放2016年度的现金股利的会计分录。

【实训2】

无锡海华股份有限公司下设无锡五洲有限责任公司和无锡中宇有限责任公司两家子公司。无锡五洲有限责任公司于2018年1月1日以银行存款800万元和一批原材料（账面价值300万元，市场价值400万元）为对价取得无锡中宇有限责任公司80%的股份。无锡中宇有限责任公司2018年1月1日所有者权益账面价值为2 000万元。假设无锡五洲有限责任公司和无锡中宇有限责任公司会计政策与会计期间均一致，不存在需要调整事项。相关原始凭证见表6-3至表6-5。

表6-3

中国工商银行
转账支票存根
23507191

附加信息

出票日期 2018 年 01 月 01 日

| 收款人：无锡中宇有限责任公司 |
| 金　额：￥8 000 000.00 |
| 用　途：购买股权投资款项 |

单位主管　王新梅　　会计　张舒秀

表6-4

江苏增值税专用发票

No 15453800

此联不作报销、扣税凭证使用　　开票日期：2018 年 01 月 01 日

3102167130

| 购买方 | 名　　　　称：无锡中宇有限责任公司
纳税人识别号：913646376263784863
地址、电话：无锡市新区联众大道342号 86213456
开户行及账号：建行海联支行344473636638493 | 密码区 | （略） |

货物或应税劳务、服务名称	规格型号	单位	数量	单价	金额	税率	税额
型材	WAR-33	吨	4 000	1 000.00	4 000 000.00	17%	680 000.00
合　计					￥4 000 000.00		￥680 000.00
价税合计（大写）	⊗肆佰陆拾捌万元整					（小写）￥4 680 000.00	

| 销售方 | 名　　　　称：无锡五洲有限责任公司
纳税人识别号：911601022442124691
地址、电话：无锡市滨湖区太湖东路128号 82345678
开户行及账号：工行无锡太湖支行622246465454655 | 备注 | 911601022442124691
发票专用章 |

收款人：张涟漪　　复核：王进　　　　开票人：郑青　　　销售方（章）

第一联　记账联　销售方记账凭证

表6-5

出　库　单

第34000023号

发货仓库：2号仓库
提货单位：无锡中宇　　　　　　2018 年 1 月 1 日

类别	编号	名称型号	单位	应发数量	实发数量	单位成本	金额
型材	1	WAR-33	吨	4 000	4 000	750.00	3 000 000.00
合　计				4 000	4 000		3 000 000.00

负责人：　　　经发：　　　保管：孙田　　　填单：

第三联　财务记账

　　实训要求：根据上述资料填制无锡五洲有限责任公司的记账凭证，并登记账簿（长期股权投资明细账）。

实训资料：

记 账 凭 证

年 月 日　　　　　　　　　　　　第＿＿号

摘要	总账科目	明细科目	√	借方										贷方									
				千	百	十	万	千	百	十	元	角	分	千	百	十	万	千	百	十	元	角	分
	合　计																						

附件 张

会计主管：　　　　记账：　　　　　　复核：　　　　　填制：

记 账 凭 证

年 月 日　　　　　　　　　　　　第＿＿号

摘要	总账科目	明细科目	√	借方										贷方									
				千	百	十	万	千	百	十	元	角	分	千	百	十	万	千	百	十	元	角	分
	合　计																						

附件 张

会计主管：　　　　记账：　　　　　　复核：　　　　　填制：

明 细 账

一级科目名称：

二级科目名称：

年		凭证		摘要	借方金额										贷方										借或贷	余额										√
月	日	字	号		千	百	十	万	千	百	十	元	角	分	千	百	十	万	千	百	十	元	角	分		千	百	十	万	千	百	十	元	角	分	

第7章 在建工程与固定资产

内容结构图

本章内容结构图如图7-1所示。

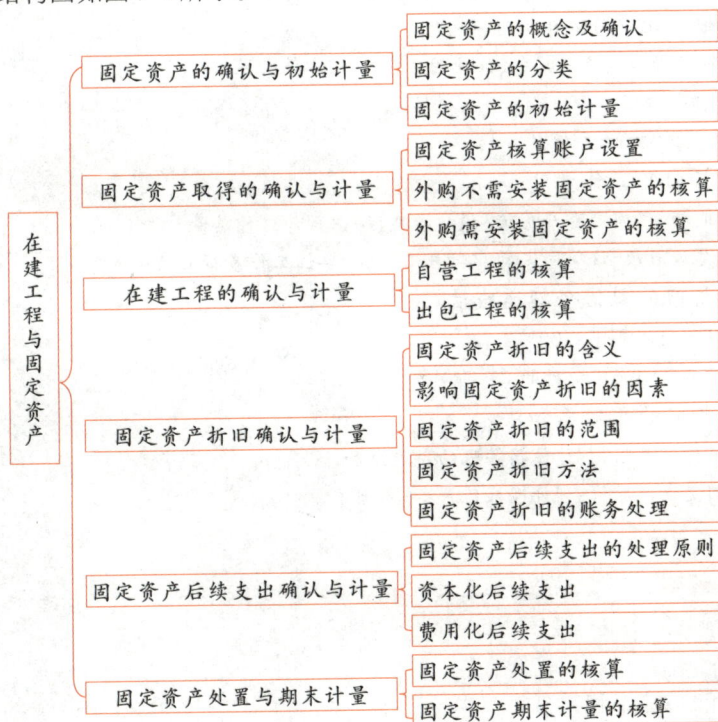

图7-1 本章内容结构图

预习要览

本章重点与难点

1.固定资产的概念及确认条件；

2.固定资产的初始计量；

3.外购固定资产的核算；

4.自行建造固定资产的核算；

5.固定资产折旧的计算与核算；

6.固定资产后续支出的核算；

7.固定资产处置的核算；

8.固定资产清查的核算；

9.固定资产减值的核算。

主要概念

固定资产　自营工程　出包工程　固定资产折旧　年限平均法　工作量法　双倍余额递减法　年数总和法　固定资产后续支出　资本化支出　费用化支出　固定资产处置　固定资产清查　固定资产减值

主要公式

1.固定资产折旧的年限平均法

固定资产年折旧额=（固定资产原值-预计净残值）÷预计使用年限

固定资产月折旧额=固定资产年折旧额÷12

年折旧率=（1-预计净残值率）÷预计使用年限

月折旧率=年折旧率÷12

月折旧额=固定资产原值×月折旧率

2.固定资产折旧的工作量法

单位工作量折旧额=（固定资产原值-预计净残值）÷预计工作总量

某项固定资产月折旧额=该项固定资产当月工作量×单位工作量折旧额

3.固定资产折旧的双倍余额递减法

年折旧率=2÷预计使用年限×100%

某年应计折旧额=年初固定资产账面净值×年折旧率

4.固定资产折旧的年数总和法

年折旧率=尚可使用年限÷预计使用年限的年数总和

年折旧额=（固定资产原值-预计净残值）×年折旧率

同步测试

一、单项选择题

1.固定资产的特征不包括（　　）。

A.为生产商品、提供劳务而持有的　　　　B.为经营管理而持有的

C.单位价值较高　　　　　　　　　　　　D.使用寿命超过一个会计年度

2.下列各项中，不应计入固定资产入账价值的是（　　）。

A.固定资产购入过程中发生的运杂费支出

B.固定资产达到预定可使用状态前发生的借款利息（符合资本化条件）

C.固定资产达到预定可使用状态后至竣工决算前发生的借款利息

D.外购固定资产的安装费和专业人员服务费

3.企业应对下列各项中（　　）计提折旧。

A.当月新增加的固定资产　　　　　　　　B.已提足折旧仍继续使用的固定资产

C.单独计价入账的土地　　　　　　　　　D.当月新减少的固定资产

4.某项固定资产原值为155 000元，预计使用年限为5年，预计净残值为5 000元，按双倍余额递减法计提折旧，则第二年年末固定资产的账面价值为（　　）元。

A.55 800　　　　　　B.63 200　　　　　　C.59 000　　　　　　D.65 000

5.固定资产改良过程中发生的支出应记入（　　）账户。

A.营业外支出　　　　B.在建工程　　　　C.营业外收入　　　　D.固定资产清理

6.某企业购进设备一台，该设备的入账价值为100 000元，预计净残值为5 600元，预计使用年限为5年。在采用双倍余额递减法计提折旧的情况下，该项设备第三年应提的折旧额为（　　）元。

A.24 000　　　　　　B.14 400　　　　　　C.20 000　　　　　　D.80 000

7.某企业2017年1月20日自行建造的一条生产线投入使用。该生产线建造成本为740 000元，预计使用年限为5年，预计净残值为20 000元。在采用年数总和法计提折旧的情况下，2017年该设备应计提的折旧额为（　　）元。

A.240 000　　　　　B.140 000　　　　　C.120 000　　　　　D.220 000

8.某企业对原价为100万元、累计折旧为60万元的某一项固定资产进行清理。清理时发生清理费用5万元，取得清理收入75万元。该固定资产清理净收入为（　　）万元。

A.30　　　　　　　　B.40　　　　　　　　C.45　　　　　　　　D.70

9.不会影响固定资产折旧计算的因素是（　　）。

A.固定资产的原始价值　　　　　　　　　B.固定资产预计净残值

C.固定资产的性能　　　　　　　　　　　D.固定资产预计使用年限

10.以原始价值作为固定资产的基本计价标准体现的特性是（　　）。

A.客观性　　　　　　B.一贯性　　　　　　C.可比性　　　　　　D.谨慎性

11.某企业购入一台需要安装的设备，取得的增值税专用发票上注明的设备买价为100 000元，增值税为17 000元，支付的运输费为1 332元（其中含增值税132元）；设备安装时支付有关人员工资费用2 500元。则该项固定资产的入账价值为（　　）。

A.100 000元　　　　B.117 000元　　　　C.103 700元　　　　D.120 832元

12.计提固定资产减值准备应借记（　　）账户。

A.固定资产　　　　　B.管理费用　　　　　C.营业外支出　　　　D.资产减值损失

13.生产车间使用的固定资产所发生的折旧费，应计入（　　）。

A.生产成本　　　　　B.管理费用　　　　　C.制造费用　　　　　D.期间费用

14.甲公司的一台机器设备采用工作量法计提折旧。原价为150 000元，预计生产产品产量为100万件，预计净残值率为2%，本月生产产品2万件，则该台机器设备的月折旧额为（　　）元。

A.6 000　　　　　　B.2 940　　　　　　C.5 880　　　　　　D.10 880

15.甲企业上月固定资产折旧额为20 100元，上月增加固定资产应计提折旧650元，本月增加固定资产应计提折旧450元，上月减少固定资产应计提折旧550元，本月应计提折旧（　　）元。

A.20 650　　　　　　B.20 000　　　　　　C.20 750　　　　　　D.20 200

16.某公司因火灾毁损了一批设备，其账面原值为800 000元，已提折旧320 000元，支付清理费20 000元，保险公司赔款300 000元，设备残值变价收入60 000元，则应计入当期营业外支出的金额为（　　）元。

A.120 000　　　　　B.80 000　　　　　　C.140 000　　　　　D.180 000

二、多项选择题

1.下列项目中，属于固定资产的有（　　　）。

A.厂房 　　　　　　　　　　　　　B.使用期限超过一年的生产设备

C.土地使用权 　　　　　　　　　　D.购入供销售的汽车

2.采用自营方式建造固定资产的情况下，下列项目中应计入固定资产成本的有（　　　）。

A.工程耗用原材料 　　　　　　　　B.工程人员的工资

C.工程领用本企业商品的实际成本

D.工程领用本企业外购材料的增值税进项税额

3.下列项目中，需记入"在建工程"科目的有（　　　）。

A.不需要安装的固定资产 　　　　　B.需要安装的固定资产

C.固定资产的改扩建 　　　　　　　D.工程项目领用工程物资

4.下列固定资产中，不计提折旧的有（　　　）。

A.土地 　　　　　　　　　　　　　B.当月增加的固定资产

C.已提足折旧仍继续使用的固定资产 D.当月减少的固定资产

5.影响固定资产折旧的主要因素有（　　　）。

A.固定资产的预计使用年限 　　　　B.固定资产取得时的原始价值

C.固定资产的净残值 　　　　　　　D.固定资产的折旧方法

6.下列固定资产折旧方法中，体现谨慎性原则的折旧方法有（　　　）。

A.年限平均法 　　　B.工作量法 　　　C.双倍余额递减法 　　D.年数总和法

7.对于固定资产折旧，下列说法中正确的有（　　　）。

A.当月增加的固定资产，当月不计提折旧，从下月起计提折旧

B.固定资产提足折旧后，不论能否继续使用，均不再计提折旧

C.未提足折旧提前报废的固定资产，也不再补提折旧

D.应计折旧额是指应当计提折旧的固定资产的原价扣除其预计净残值后的金额

8."固定资产清理"账户借方核算的内容包括（　　　）。

A.转入清理的固定资产净值 　　　　B.发生的清理费用

C.结转的固定资产清理净损失 　　　D.结转的固定资产清理净收益

9.对于固定资产盘亏，在处理时有可能记入（　　　）科目。

A.管理费用 　　　B.其他应收款 　　　C.营业外支出 　　　D.营业外收入

10.下列有关固定资产后续支出的会计处理中，说法正确的有（　　　）。

A.企业生产车间发生的固定资产修理费用等后续支出，不符合固定资产确认条件的，应当在发生时计入当期的制造费用

B.企业行政管理部门发生固定资产修理费用等后续支出，不符合固定资产确认条件的，应当在发生时计入当期的管理费用

C.企业发生的与专设销售机构相关的固定资产修理费用等后续支出，不符合固定资产确认条件的，应当在发生时计入当期的销售费用

D.企业对外经营性出租固定资产发生的修理费用等后续支出，不符合固定资产确认条件的，应当在发生时计入当期的其他业务成本

三、判断题

1.增值税一般纳税人企业在购入固定资产（机器设备）时，增值税专用发票上列示的增值税可以从企业的销项税额中抵扣。 （ ）

2.企业固定资产一旦入账，其原始价值在一般情况下均不允许调整。 （ ）

3.对于固定资产借款发生的利息支出，在竣工决算前发生的，应予以资本化，将其计入固定资产的建造成本；在竣工决算后发生的，则应作为当期费用处理。 （ ）

4.企业在计提固定资产折旧时，对于当月增加的固定资产当月开始计提折旧，当月减少的固定资产当月停止计提折旧。 （ ）

5.从本质上讲，折旧也是一种费用，只不过这种费用未在计提期间引起货币资金的真实流出，而是先期已经发生的支出。 （ ）

6.固定资产发生的可资本化的后续支出，通过"长期待摊费用"账户核算。 （ ）

7.已达到预定可使用状态但在年度内尚未办理竣工决算手续的固定资产，应按估计价值暂估入账，但不计提折旧。 （ ）

8.固定资产减值损失一经确认，在以后会计期间可以转回。 （ ）

9.固定资产不同的折旧方法只会使固定资产使用年限内各会计期间的折旧费产生差异，不会改变固定资产折旧总额。 （ ）

10.年限平均法的优点是计算简便，缺点是只将使用年限作为影响固定资产折旧的唯一因素；工作量法也具有计算简便的优点，并且弥补了年限平均法只重视使用时间，不重视使用强度的缺点。 （ ）

11.企业出售已使用过的固定资产所取得的净收入或所发生的净损失，应当作为其他业务收入或其他业务成本核算。 （ ）

12.盘盈的固定资产应作为以前年度的差错处理。 （ ）

四、计算分析题

【计算分析题1】

目的：练习采用年限平均法、双倍余额递减法、年数总和法计算折旧。

资料：无锡喜洋洋食品有限公司固定资产明细账中登记的一台远红外设备资料见表7-1。

表7-1 　　　　　　　　　固定资产明细账

名　称 远红外设备　　计量单位 台　　使用年限8年　　　　　　总页____
财产编号 121　　　　拆除费 200.00　　折旧或摊销率____　　估计残值 1 200.00　　总页____

2017年		凭证号	摘要	单价	购进或投入		折旧或转出				余额		核对号
						金额	报废或转出		折旧额			金额	
月	日				数量	千百十万千百十元角分	数量	千百十万千百十元角分		千百十万千百十元角分	数量	千百十万千百十元角分	
8	1	略	购进			9 6 4 0 0 0 0							

要求：分别采用年限平均法、双倍余额递减法、年数总和法填制折旧计算表（见表7-2至表7-4）。

表7-2 　　　　　　　**固定资产折旧计算表（年限平均法）**

年　月　日

固定资产名称	原值	预计净残值	预计使用年限	月折旧率（%）	月折旧额

制表：　　　　　　　　审核：

表7-3 　　　　　　　**固定资产折旧计算表（双倍余额递减法）**

年　月　日

固定资产名称	年次	计提基数	年折旧率（%）	年折旧额	累计折旧额	期末固定资产账面价值

制表：　　　　　　　　审核：

表7-4 　　　　　　　**固定资产折旧计算表（年数总和法）**

年　月　日

固定资产名称	年次	计提基数	年折旧率	年折旧额	累计折旧额

制表：　　　　　　　　审核：

【计算分析题2】

目的：练习采用工作量法计算折旧。

资料：无锡长陵纺织有限公司销售部一辆货运卡车采用工作量法计提折旧。2017年12月份行使里程为5 000千米。该固定资产验收单见表7-5。

表7-5 　　　　　　　**无锡长陵纺织有限公司固定资产验收单** 　　　金额单位：元

2014年12月25日

编号：No.1075

固定资产名称	卡车			固定资产编号	3119
固定资产类别	运输设备			申请单位	销售部
型号规格		单位	台	资产来源	外购
数量	1			使用方向	运输产品
单价	135 500.00			交付日期	2014年12月25日
运杂费		预计使用年限	10年	预计残值	5 000.00
安装费					
原值合计	135 500.00			验收人：赵薇	
验收意见		验收合格			
备注		采用工作量法计提折旧，预计总行驶里程为870 000千米			

计划管理部门主管： 　　　　使用部门主管：何藏 　　　　固定资产管理部门主管：李秀婷

要求：

（1）计算单位工作量折旧额；

（2）填制固定资产折旧计算表（见表 7-6）。

表 7-6　　　　　**固定资产折旧计算表（工作量法）**　　　　　金额单位：元

项目	数量	日期	使用千米数	年折旧额	累计折旧额	净值
预计总行驶里程（千米）	870 000	2015 年	6 900			
固定资产原值	135 500.00	2016 年	7 395			
单位工作量折旧额		2017 年 1—11 月	6 450			
		2017 年 12 月	5 000			

制表：　　　　　　审核：

五、实训题

【实训 1】

目的：练习固定资产取得的核算。

资料：甲公司为增值税一般纳税人企业。2017 年 8 月 3 日，购入一台需要安装的生产用机器设备，取得的增值税专用发票上注明的设备价款为 290 000 元，增值税进项税额为 49 300 元，支付的运输费为 8 325 元（含增值税 825 元），款项已通过银行支付；安装设备时，领用本公司原材料一批，价值 3 600 元，购进该批原材料时支付的增值税进项税额为 612 元；领用本公司所生产的产品一批，成本为 4 800 元，计税价格 5 000 元，增值税税率为 17%；应付安装工人的职工薪酬为 7 200 元。2017 年 10 月 18 日该设备达到预定可使用状态。

要求：编制甲公司 2017 年购入该机器设备的相关会计分录。

【实训 2】

目的：练习自行建造固定资产的核算。

资料：甲企业为增值税一般纳税人。2018 年 1 月，甲企业因生产需要，决定自行建造一间材料仓库。相关资料如下：

（1）2018 年 1 月 5 日，购入工程用专项物资 200 000 元，增值税为 34 000 元，该批专项物资已验收入库，款项用银行存款付讫。

（2）领用上述专项物资，用于建造仓库。

（3）领用本单位生产的水泥一批用于工程建设，该批水泥成本为 30 000 元。

（4）领用本单位外购原材料一批用于工程建设，原材料实际成本为 15 000 元，已抵扣增值税进项税额 2 550 元。

（5）2018 年 1 月至 3 月，应付工程人员工资 20 000 元，用银行存款支付其他费用 8 600 元。

（6）2018 年 3 月 31 日，该仓库达到预定可使用状态，预计可使用 20 年，预计净残值为 20 000 元，采用直线法计提折旧。

要求：根据上述资料编制甲公司 2018 年自行建造固定资产的相关会计分录。

【实训 3】

目的：练习计提固定资产折旧的核算。

资料：无锡昌发机械制造厂2017年9月份"固定资产折旧计提表"已根据2017年8月份"固定资产折旧计提表"进行了部分填写，见表7-7。

表7-7 固定资产折旧计提表

2017年9月30日

使用部门	固定资产项目	上月折旧额	上月增加固定资产		上月减少固定资产		本月折旧额
			原值	折旧额	原值	折旧额	
基本生产车间	房屋建筑物	1 860					
	机器设备	1 210	351 300	9 688.89			
	电子设备	960			9 800	259	
	小　计	4 030	351 300	9 688.89	9 800	259	
辅助生产车间	房屋建筑物	850					
	发电设备	12 000					
	电子设备	1 450			12 650	333.33	
	小　计	14 300			12 650	333.33	
行政管理部门	房屋建筑物	1 300					
	办公设备	800	7 800	123.33			
	运输设备	600					
	小　计	2 700	7 800	123.33			
销售部门	房屋建筑物	1 220					
	办公设备	280					
	运输设备	1 040			56 000	460	
	小　计	2 540			56 000	460	
合　计		23 570	359 100	9 812.22	78 450	1 052.33	

要求：

（1）在表内计算本月折旧额；

（2）根据计算结果，编制2017年9月份计提固定资产折旧的会计分录。

【实训4】

目的：练习固定资产后续支出的核算。

资料：某企业对生产线进行扩建。该生产线原价为1 000 000元，已提折旧200 000元，已提减值准备50 000元。扩建生产线时发生扩建支出460 000元，同时在扩建时处理废料发生变价收入10 000元。假设该项生产线改扩建支出全部符合固定资产确认条件。

要求：根据上述资料编制相关会计分录。

【实训5】

目的：练习固定资产处置的核算。

资料：A公司一台生产用机床使用期满，进行报废处理。其账面原价为179 000元，已提折旧170 000元，已提减值准备5 000元；清理过程中用现金500元支付清理费用，回收残料价值2 300元，暂入材料库。

要求：根据上述资料编制相关会计分录。

【实训6】

目的：练习固定资产清查的核算。

资料：B公司年末清查中，发现账外甲设备一台，重置价为10 000元，估计八成新；另盘亏乙机器一台，原值为50 000元，预计使用年限为10年，预计净残值率为4%，已计提折旧35 600元，该设备经有关部门批准作营业外支出处理。

要求：根据上述资料编制相关会计分录。

【实训7】

目的：练习固定资产取得、折旧、改扩建、减值及处置业务的核算。

资料：长江有限公司（以下简称长江公司）为增值税一般纳税人企业。2013年至2017年该公司与固定资产有关的业务资料如下：

（1）2013年10月10日，长江公司购进一台需要安装的设备，取得的增值税专用发票上注明的设备价款为800 000元，增值税为136 000元，另发生运输费和保险费6 650元（含增值税550元），款项以银行存款支付；安装设备时，领用原材料一批，价值为50 000元，购进该批原材料时支付的增值税进项税额为8 500元；支付安装工人的工资为21 300元。该设备于2013年12月10日达到预定可使用状态并投入行政管理部门使用，预计使用年限为10年，预计净残值为10 000元，采用年限平均法计提折旧。

（2）2014年12月31日，长江公司对该设备进行检查时发现其已经发生减值，预计可收回金额为650 660元；计提减值准备后，该设备原预计使用年限、预计净残值、折旧方法保持不变。

（3）2015年9月30日，长江公司因生产经营方向调整，决定采用出包方式对该设备进行改良，改良工程验收合格后支付工程价款。该设备于当日停止使用，开始进行改良。

（4）2016年3月15日，改良工程完工并验收合格，长江公司以银行存款支付工程总价款162 500元。当日，改良后的设备投入使用，预计尚可使用年限为8年，采用直线法计提折旧，预计净残值为15 000元。改良后该设备的可收回金额为780 000元。2016年12月31日，该设备未发生减值。

（5）2017年10月10日，该设备因遭受自然灾害发生严重毁损，长江公司决定进行处置，取得残料变价收入70 000元、保险公司赔偿款400 000元，发生清理费用30 000元；款项均以银行存款收付。

要求：

（1）编制2013年10月10日取得该设备的会计分录。

（2）编制设备安装及设备达到预定可使用状态的会计分录。

（3）计算2014年度该设备计提的折旧额，并编制相应的会计分录。

（4）计算2014年12月31日该设备计提的固定资产减值准备，并编制相应的会计分录。

（5）计算2015年度该设备计提的折旧额，并编制相应会计分录。

（6）编制2015年9月30日该设备转入改良时的会计分录。

（7）编制2016年3月15日支付该设备改良价款、结转改良后设备成本的会计分录。

（8）计算2017年度该设备计提的折旧额。

（9）编制2017年10月10日处置该设备的会计分录。

第8章　无形资产、长期待摊费用及其他非流动资产

内容结构图

本章内容结构图如图8-1所示。

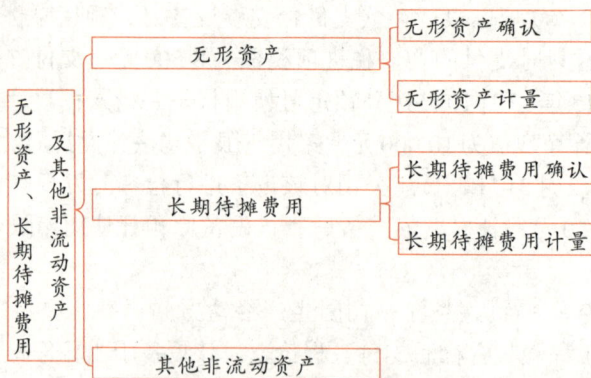

图8-1　本章内容结构图

预习要览

本章重点与难点

1.无形资产的确认条件；

2.无形资产的核算；

3.长期待摊费用的确认条件。

主要概念

无形资产　长期待摊费用

同步测试

一、单项选择题

1.下列不属于无形资产的有（　　　）。

A.土地使用权　　　　　　　　　　　B.专利权

C.企业内部产生的品牌　　　　　　　D.非专利技术

2.无形资产应该按照（　　）进行初始计量。

A.历史成本　　　　　　　　　　　　B.公允价值

C.重置成本　　　　　　　　　　　D.可变现价值

3.企业内部研究开发项目研究阶段的支出，应当于发生时计入（　　　）。

A.制造费用　　　　B.管理费用　　　　C.财务费用　　　　D.无形资产成本

4.房地产开发企业取得的土地使用权用于建造对外出售的房屋建筑物，相关的土地使用权应当计入（　　　）。

A.无形资产　　　　　　　　　　　B.固定资产

C.所建造的房屋建筑物成本　　　　D.投资性房地产

5.企业出售无形资产，应当将取得的价款与该无形资产账面价值的差额计入（　　　）。

A.营业外收入　　　　　　　　　　B.营业外支出

C.待处理资产损溢　　　　　　　　D.资产处置损益

6.不属于开办费的是（　　　）。

A.筹建期间发生的注册登记费　　　　B.筹建期间发生的人员工资

C.筹建期间购置的固定资产　　　　　D.筹建期间发生的职工培训费

二、多项选择题

1.无形资产主要包括（　　　）。

A.专利权　　　　　　　B.商标权　　　　　　　　C.报刊名

D.著作权　　　　　　　E.特许权

2.下列属于无形资产的特征的是（　　　）。

A.不具有实物形态

B.具有可辨认性

C.与该无形资产相关的经济利益很可能流入企业

D.成本能够可靠计量

3.自行开发的无形资产，其成本包括自满足无形资产确认条件后至达到预定用途前所发生的支出总额，具体包括（　　　）。

A.开发过程中发生的材料费用　　　　B.研究过程中发生的设计费用

C.开发过程中发生的租金、借款费用　　D.直接参与开发人员的工资及福利费

E.依法取得时发生的注册费、聘请律师费

4.企业开发阶段的支出，应当同时满足下列（　　　）条件时，才能确认为无形资产。

A.完成该无形资产以使其能够使用或出售在技术上具有可行性

B.具有完成该无形资产并使用或出售的意图

C.能产生经济利益，具有有用性

D.有足够的资源支持，以完成该无形资产的开发

E.归属于该无形资产开发阶段的支出能够可靠地计量

5.长期待摊费用包括（　　　）。

A.固定资产大修理费　　　　　　　B.开办费

C.周转材料摊销费

D.发行股票支付的大额手续费及佣金等超出应抵销部分

6.其他非流动资产一般包括（　　　）。

A.特准储备物资　　　　　　　　　B.冻结存款、冻结物资

C.临时设施   D.涉及诉讼中的财产

三、判断题

1.无形资产可以通过外购自行开发、投资者投入、债务重组、以非货币性交易换入等方式取得。（　　）

2.无形资产能够从企业中分离或者划分出来，并能单独或者与相关合同、资产或负债一起，用于出售、转移、授予许可、租赁或者交换。（　　）

3.企业的商誉和品牌价值能够给企业带来较大的经济利益流入时，可确认为无形资产。（　　）

4.外购无形资产的成本就是其购买价款。（　　）

5.自行开发的无形资产达到无形资产标准经确认后，可将之前计入损益的研究费用资本化。（　　）

6.企业内部研究开发项目研究阶段的支出，应当于发生时部分计入当期损益，部分予以资本化。（　　）

7.企业进行研究与开发无形资产过程中发生的各项支出，应设置"研发支出"科目，并分别"费用化支出"与"资本化支出"进行明细核算。（　　）

8.企业为自行开发建造厂房取得的土地使用权成本应计入建造工程成本。（　　）

9.购买房屋建筑物所支付的价款应当在地上建筑物与土地使用权之间进行分配。（　　）

10.企业至少应当于每年年度终了，对使用寿命有限的无形资产的使用寿命及摊销方法进行复核。（　　）

11.对于使用寿命不确定的无形资产，在持有期间按不少于10年的期限进行摊销。（　　）

12.处置无形资产时，将取得的价款与该无形资产账面价值的差额计入营业外收入或营业外支出。（　　）

13.如果长期待摊费用项目不能在以后会计期间受益的，应当将尚未摊销的该项目的摊余价值全部转入当期损益。（　　）

四、业务核算题

【业务核算题1】

目的：练习无形资产取得、摊销、处置、报废的核算。

资料：无锡海华股份有限公司2018年1月发生下列经济业务：

（1）10日，从无锡兴康科技有限公司购入专利技术一项，价款100 000元，增值税税率为6%，价税合计106 000元，开出转账支票以银行存款支付。

（2）15日，上月启动新技术研发项目（D003）属于研究阶段，发生材料费23 000元，应付研发人员工资31 000元，摊销研发用固定资产折旧5 000元。

（3）20日，2017年进行的新技术研发项目（D001）进入开发阶段，发生材料费30 000元，应付研发人员工资56 000元，计提研发用固定资产折旧8 600元，发生其他支出4 500元，以银行存款支付。

（4）21日，接受天海集团投入土地使用权，协议约定价值为2 600 000元，已办妥相关手续。

（5）23日，转让一项持有待售专利权，该无形资产成本为200 000元，已摊销金额为40 000元，已计提减值准备2 000元。取得转让收入150 000元，增值税税率为6%，增值税为9 000元，款项已存入银行。

（6）25日，报废一项无形资产，成本135 000元，已累计摊销130 000元。

（7）31日，期末对无形资产进行评估，应计提无形资产减值准备3 200元。

（8）31日，本月无形资产摊销额为14 000元。

要求：根据上述资料编制相关会计分录。

【业务核算题2】

目的：练习长期待摊费用的核算。

资料：无锡海华股份有限公司2018年2月份发生如下业务：

（1）8日，平价发行股票，以银行存款支付手续费及佣金2 800 000元，假定不考虑其他项目，由于金额较大，故作长期待摊费用处理。

（2）28日，摊销应由本期负担的长期待摊费用120 000元。

要求：根据上述资料编制相关会计分录。

第9章　投资性房地产

内容结构图

本章内容结构图如图9-1所示。

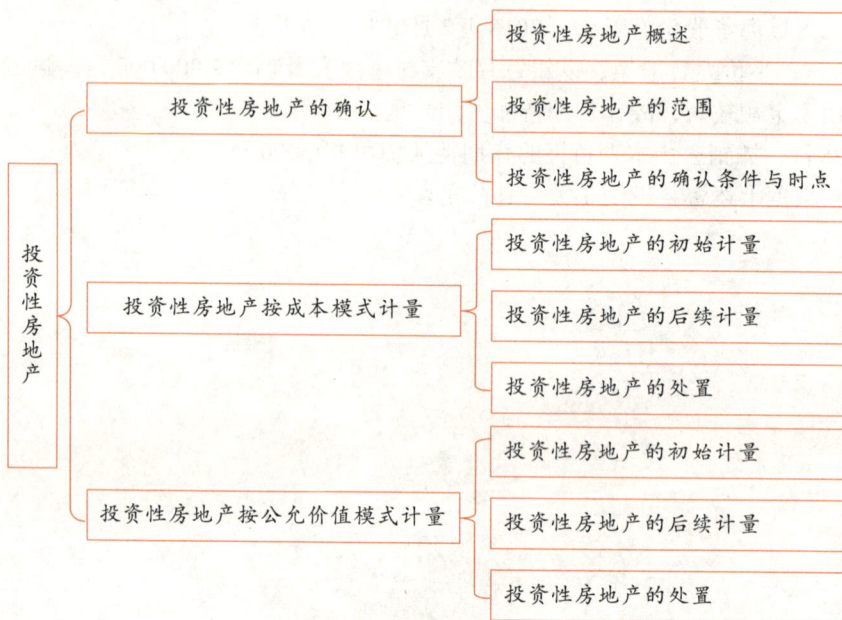

```
                                              ┌─────────────────────┐
                                              │   投资性房地产概述    │
                                              ├─────────────────────┤
              投资性房地产的确认 ──────────────┤   投资性房地产的范围  │
                                              ├─────────────────────┤
                                              │ 投资性房地产的确认条件与时点 │
                                              ├─────────────────────┤
                                              │  投资性房地产的初始计量 │
  投资性房地产                                  ├─────────────────────┤
              投资性房地产按成本模式计量 ───────┤  投资性房地产的后续计量 │
                                              ├─────────────────────┤
                                              │   投资性房地产的处置  │
                                              ├─────────────────────┤
                                              │  投资性房地产的初始计量 │
                                              ├─────────────────────┤
              投资性房地产按公允价值模式计量 ───┤  投资性房地产的后续计量 │
                                              ├─────────────────────┤
                                              │   投资性房地产的处置  │
                                              └─────────────────────┘
```

图9-1　本章内容结构图

预习要览

本章重点与难点

1. 投资性房地产的范围；

2. 成本模式下投资性房地产的初始计量和后续计量；

3. 公允价值模式下投资性房地产的初始计量和后续计量；

4. 投资性房地产处置的账务处理。

主要概念

投资性房地产　已出租的土地使用权　持有并准备增值后转让的土地使用权　已出租的建筑物　作为存货的房地产

同步测试

一、单项选择题

1.下列各项中，属于投资性房地产的是（　　）。

A.企业拥有并自行经营的旅馆饭店　　　　B.企业以经营租赁方式租出的办公大楼

C.房地产开发企业正在开发的商品房　　　　D.企业持有拟增值后转让的房屋建筑物

2.下列各项资产中不属于投资性房地产的是（　　）。

A.用于赚取租金的房地产

B.持有并准备增值后转让的土地使用权

C.赚取租金和资本增值两者兼有而持有的房地产

D.为经营管理而持有的房地产

3.下列项目不属于投资性房地产的是（　　）。

A.已出租的建筑物　　　　　　　　　　　　B.持有并准备增值后转让的房屋建筑物

C.已出租的土地使用权　　　　　　　　　　D.持有并准备增值后转让的土地使用权

4.下列说法中不正确的是（　　）。

A.只要与投资性房地产有关的经济利益很可能流入企业，就应确认投资性房地产

B.外购投资性房地产的成本，包括购买价款、相关税费和可直接归属于该资产的其他支出

C.自行建造投资性房地产的成本，由建造该项资产达到预定可使用状态前所发生的必要支出构成

D.与投资性房地产有关的后续支出，满足投资性房地产准则规定的确认条件的，应当计入投资性房地产成本；不满足准则规定的确认条件的，应当在发生时计入当期损益

5.2015年1月1日，英明公司与乙公司签订一项租赁合同，将当日购入的一幢写字楼出租给乙公司，租赁期为2015年1月1日至2017年12月31日。该写字楼购买价格为1 000万元，外购时发生直接费用15万元，为取得该写字楼所有权另支付了契税85万元，上述款项均以银行存款支付完毕。不考虑其他因素，则英明公司该项投资性房地产的入账价值为（　　）万元。

A.1 000　　　　　　B.1 015　　　　　　C.1 100　　　　　　D.1 085

6.2018年1月1日，甲公司购入一栋建筑物用于出租，取得的增值税专用发票上注明的价款为100万元，增值税为11万元，款项以银行存款支付。购入该建筑物发生的谈判费用为0.2万元，差旅费为0.3万元。该投资性房地产的入账价值为（　　）万元。

A.100　　　　　　　B.100.5　　　　　　C.111.5　　　　　　D.100.2

7.甲公司将一栋写字楼转换为采用成本模式计量的投资性房地产。该写字楼的账面原值为2 500万元，已计提的累计折旧为50万元，已计提固定资产减值准备150万元，转换日的公允价值为3 000万元，不考虑其他因素，则转换日投资性房地产的账面价值为（　　）万元。

A.3 000　　　　　　B.2 300　　　　　　C.2 500　　　　　　D.2 450

8.2017年4月2日，甲公司董事会作出决议将其持有的一项土地使用权停止自用，待其增值后转让以获取增值收益。该项土地使用权的成本为7 000万元，预计使用年限为50年，预计净残值为60万元，甲公司对其采用直线法进行摊销，至转换时已使用了10年，未计提减值准备。甲公司对其投资性房地产采用成本模式计量，该项土地使用权转换前后其预计使用年限、预计净残值以及摊销方法相同。则2017年度甲公司该项土地使用权应计提的摊销额为（ ）万元。

A.92.53　　　　　　B.138.8　　　　　　C.140　　　　　　D.90

9.某企业投资性房地产采用成本模式计量。2017年1月25日购入一栋建筑物用于出租，该建筑物的成本为270万元，预计使用年限为20年，预计净残值为30万元，采用直线法计提折旧。2017年应计提的折旧额为（ ）万元。

A.12　　　　　　B.20　　　　　　C.11　　　　　　D.10

10.企业对采用成本模式进行后续计量的投资性房地产摊销时，应借记（ ）账户。

A.投资收益　　　　B.管理费用　　　　C.营业外收入　　　　D.其他业务成本

11.企业出售、转让、报废投资性房地产时，应当将所处置投资性房地产的账面价值计入（ ）。

A.其他业务成本　　　　　　　　B.公允价值变动损益
C.营业外支出　　　　　　　　　D.资本公积

12.甲公司2017年1月1日外购一栋建筑物，支付价款400万元。甲公司于购入当日将其对外出租，年租金为40万元，每年年初收取租金。甲公司对此项投资性房地产采用公允价值模式进行后续计量。2017年12月31日，该建筑物的公允价值为430万元。不考虑相关税费，则该项房地产对甲公司2017年度损益的影响金额为（ ）万元。

A.70　　　　　　B.40　　　　　　C.30　　　　　　D.50

13.自用房地产转换为采用公允价值模式计量的投资性房地产，投资性房地产应当按照转换当日的公允价值计量。转换当日的公允价值小于原账面价值的差额通过（ ）科目核算。

A.营业外收入　　　　　　　　B.其他综合收益
C.公允价值变动损益　　　　　D.其他业务收入

14.甲公司2015年1月1日外购一幢建筑物，价款为400万元，将该建筑物用于出租，年租金30万元，每年年初收取。该公司采用公允价值模式对投资性房地产后续计量。2015年12月31日该建筑物的公允价值为420万元，2016年12月31日该建筑物的公允价值为410万元，2017年12月31日该建筑物的公允价值为410万元，2018年1月1日甲企业出售该建筑物，售价410万元，不考虑相关税费，处置时影响损益的金额合计为（ ）万元。

A.0　　　　　　B.10　　　　　　C.20　　　　　　D.30

15.下列关于投资性房地产核算的表述中，正确的是（ ）。
A.采用成本模式计量的投资性房地产不需要确认减值损失
B.采用公允价值模式计量的投资性房地产可转换为成本模式计量
C.采用公允价值模式计量的投资性房地产，公允价值变动金额计入资本公积
D.采用成本模式计量的投资性房地产，符合条件时可转换为公允价值模式计量

16.企业对公允价值模式进行后续计量的投资性房地产取得的租金收入，应该贷记

（　　）科目。

    A.投资收益   B.管理费用   C.营业外收入   D.其他业务收入

17.投资性房地产采用公允价值模式计量需要设置的账户有（　　）。

    A.投资性房地产累计折旧   B.投资性房地产累计摊销

    C.资产减值损失   D.公允价值变动损益

18.下列有关投资性房地产的会计处理中，说法不正确的有（　　）。

    A.采用公允价值模式计量的投资房地产，不计提折旧或进行摊销，应当以资产负债表日投资性房地产的公允价值为基础调整其账面价值

    B.采用公允价值模式计量的投资性房地产期末需要进行减值测试

    C.采用成本模式计量的土地使用权，期末应当计提土地使用权当期的摊销额

    D.存货转换为采用公允价值模式计量的投资性房地产，应当按照该项投资性房地产转换当日的公允价值计量

19.下列事项中，不影响利润表中营业利润的是（　　）。

    A.对投资性房地产计提的折旧费   B.购入投资性房地产支付的相关税费

    C.对投资性房地产计提的减值准备   D.投资性房地产取得的租金收入

20.下列事项中，不影响当期损益的是（　　）。

    A.采用公允价值模式计量的投资性房地产期末公允价值高于账面价值

    B.采用公允价值模式计量的投资性房地产期末公允价值低于账面价值

    C.采用成本模式计量的投资性房地产期末可收回金额高于账面价值

    D.采用成本模式计量的投资性房地产期末可收回金额低于账面价值

二、多项选择题

1.下列各项中，属于投资性房地产的有（　　）。

    A.经营出租给子公司的自用写字楼

    B.已出租的房屋租赁期满，收回后继续用于出租但暂时空置

    C.房地产开发企业持有并准备增值后出售的建筑物

    D.企业持有并准备增值后转让的土地使用权

2.下列有关投资性房地产后续计量会计处理的表述中，正确的有（　　）。

    A.不同企业可以分别采用成本模式或公允价值模式

    B.满足特定条件时可以采用公允价值模式

    C.同一企业可以分别采用成本模式和公允价值模式

    D.同一企业不得同时采用成本模式和公允价值模式

3.下列关于投资性房地产核算的表述中，不正确的有（　　）。

    A.采用成本模式计量的投资性房地产不需要确认减值损失

    B.采用公允价值模式计量的投资性房地产可转换为成本模式计量

    C.采用公允价值模式计量的投资性房地产，公允价值变动金额应计入资本公积

    D.采用成本模式计量的投资性房地产，符合条件时可转换为公允价值模式计量

4.关于投资性房地产的后续计量，下列说法中正确的有（　　）。

    A.同一企业只能采用一种模式对所有投资性房地产进行后续计量，不得同时采用两种计量模式

B.已经计提减值准备的投资性房地产，其减值损失在以后会计期间内不得转回

C.采用公允价值模式计量的投资性房地产，应对投资性房地产计提折旧或进行摊销

D.资产负债表日，以公允价值模式计量的投资性房地产公允价值与账面价值的差额应当调整资本公积

5.下列有关投资性房地产的说法中，不正确的有（　　）。

A.企业对投资性房地产采用公允价值模式计量的，存在减值迹象时，应当按照资产减值的有关规定进行减值测试

B.企业对投资性房地产采用公允价值模式计量的，不需要对投资性房地产计提折旧或进行摊销

C.企业对投资性房地产采用公允价值模式计量的，取得的租金收入一般计入其他业务收入

D.企业持有的采用公允价值模式计量的投资性房地产，公允价值高于账面价值的差额计入其他业务收入

6.某公司的投资性房地产采用公允价值模式计量。2017年12月23日，该公司将一项固定资产转换为投资性房地产。该固定资产的账面余额为500万元，已提折旧80万元，已经计提减值准备20万元。假设该项房地产在当日的公允价值为350万元。关于转换日的处理，下列各项表述中，不正确的有（　　）。

A.该项房地产在转换日的处理不影响当期损益

B.计入公允价值变动损益的金额为50万元

C.投资性房地产的入账价值为400万元

D.该事项属于会计政策变更

7.下列有关投资性房地产的表述中，不正确的有（　　）。

A.成本模式下，当月增加的房屋当月不计提折旧

B.公允价值模式下，当月增加的房屋下月开始计提折旧

C.成本模式下，当月增加的土地使用权当月进行摊销

D.成本模式下，当月增加的土地使用权当月不进行摊销

8.处置采用公允价值模式计量的投资性房地产时，下列说法中不正确的有（　　）。

A.应按累计公允价值变动金额，将公允价值变动损益转入其他业务成本

B.实际收到的金额与该投资性房地产账面价值之间的差额，应计入营业外支出或营业外收入

C.实际收到的金额与该投资性房地产账面价值之间的差额，应计入投资收益

D.对于投资性房地产的累计公允价值变动金额，在处置时不需要进行会计处理

9.下列各项中，应该记入一般企业"其他业务收入"科目的有（　　）。

A.出售投资性房地产的收入

B.出租建筑物的租金收入

C.出售自用房屋的收入

D.将持有并准备增值后转让的土地使用权予以转让所取得的收入

10.W公司拥有一栋写字楼，用于本公司办公。2016年12月1日，W公司拟将该办公楼出租。2017年1月1日，W公司与Y公司签订租赁协议，将该写字楼整体出租给Y公司

使用，租赁期开始日为 2017 年 1 月 1 日，年租金为 400 万元，租期 3 年。当日，该写字楼的账面余额为 3 500 万元，已计提折旧 1 000 万元，公允价值为 1 800 万元，且预计其公允价值能够持续可靠取得。2017 年 12 月 31 日，该项投资性房地产的公允价值为 2 400 万元。假定 W 公司对投资性房地产采用公允价值模式计量，不考虑其他因素，则下列说法中正确的有（　　　）。

　　A. 自用房地产转为投资性房地产的转换日为 2017 年 1 月 1 日

　　B. 转换日，写字楼账面价值与公允价值的差额应计入其他综合收益

　　C. W 公司收取的租金应确认为其他业务收入

　　D. 该项房地产对 W 公司 2017 年度损益的影响金额为 300 万元

三、判断题

1. 企业将自行建造的房地产达到预定可使用状态时开始自用，之后改为对外出租，应当在该房地产达到预定可使用状态时确认为投资性房地产。（　　　）

2. 企业将建筑物出租并按租赁协议向承租人提供保安和维修等其他服务，所提供的其他服务在整个协议中不重大的，可以将该建筑物确认为投资性房地产。（　　　）

3. 通常情况下，对企业持有以备经营出租的空置建筑物或在建建筑物，如董事会或类似机构作出书面决议，明确表明将其用于经营出租且持有意图短期内不再发生变化的，即使尚未签订租赁协议，也应视为投资性房地产。（　　　）

4. 企业将采用经营租赁方式租入的土地使用权转租给其他单位的，应该将土地使用权确认为投资性房地产。（　　　）

5. 企业可以根据情况，对投资性房地产后续计量在成本模式与公允价值模式之间互换。（　　　）

6. 已采用公允价值模式计量的投资性房地产，可以从公允价值计量模式转为成本计量模式。（　　　）

7. 企业对投资性房地产进行日常维护所发生的支出，应当在发生时计入当期损益。（　　　）

8. 处置采用成本模式计量的投资性房地产时，与处置固定资产和无形资产的核算方法相同，其处置损益均计入营业外收入或营业外支出。（　　　）

9. 采用成本模式计量的投资性房地产，已经计提的减值准备，在以后期间价值回升时转回。（　　　）

10. 企业的一幢 4 层建筑物，第 1、2 层出租给本企业职工居住，并按市场价格收取租金，第 3、4 层作为办公区使用，并且该建筑物的各层均能够单独计量和出售。这种情况下，企业应将第 1、2 层确认为投资性房地产。（　　　）

四、计算分析题

【计算分析题 1】

石林股份有限公司（简称"石林公司"）为华北地区的一家上市公司，2015 年至 2017 年与投资性房地产有关的业务资料如下：

（1）2015 年 1 月，石林公司购入一栋建筑物用于出租，支付价款共计 888 万元（其中增值税为 88 万元），款项通过银行存款支付。

（2）石林公司购入的上述用于出租的建筑物预计使用寿命为 15 年，预计净残值为 36

万元，采用年限平均法按年计提折旧。

（3）石林公司将取得的该项建筑物自当月起用于对外经营租赁，石林公司对该房地产采用成本模式进行后续计量。

（4）石林公司该项房地产2015年取得租金收入99.9万元（包含增值税），已存入银行。

（5）2017年12月，石林公司将原用于出租的建筑物收回，作为企业经营管理用固定资产处理。

要求：

（1）编制石林公司2015年1月取得该项建筑物的会计分录；

（2）计算2015年度石林公司对该项建筑物计提的折旧额，并编制相应的会计分录；

（3）编制石林公司2015年取得该项建筑物租金收入的会计分录；

（4）计算石林公司该项房地产2016年年末的账面价值；

（5）编制石林公司2017年收回该项建筑物自用的会计分录。

（答案中的金额单位用万元表示）

【计算分析题2】

黄河房地产公司于2015年1月1日将一栋商品房对外出租并采用公允价值模式计量，租期为3年，每年12月31日收取租金111万元（含税）。其他资料如下：

（1）出租时，该栋商品房的成本为2 000万元，公允价值为2 200万元；

（2）2015年12月31日，该栋商品房的公允价值为2 150万元；

（3）2016年12月31日，该栋商品房的公允价值为2 120万元；

（4）2017年12月31日，该栋商品房的公允价值为2 050万元；

（5）2018年1月5日将该栋商品房对外出售，收到2 220万元（含税）存入银行。

要求：假设按年确定公允价值变动损益和确认租金收入，编制黄河房地产公司上述经济业务的会计分录。

（答案中的金额单位用万元表示）

五、实训题

2017年5月1日，无锡芳华股份有限公司从南青房地产有限公司购入写字楼，购入成本为10 000 000元，增值税为1 100 000元，共计11 100 000元，即日租给华新有限公司，租赁合同约定，租期为5年，年租金为1 500 000元，假设无锡芳华股份有限公司采用成本模式进行后续计量。相关原始凭证见表9-1至表9-10。

表9-1　　　　　**报账（付款）审批单**

部门：办公室　　　　　　　2017年5月1日

经手人	焦吉华	事由	支付购买写字楼价款	
项目名称	金额（元）	付款（结算）方式	备注	附单据2张
购买办公楼	11 100 000.00	转账支票		
合计	11 100 000.00			
单位负责人审批	财务主管	部门领导	出纳员	
同意。	同意。	同意。		
王思成	李凡	赵茹	张财	

表9-2 **房屋买卖合同**

卖方（以下简称甲方）：南青房地产有限公司

买方（以下简称乙方）：无锡芳华股份有限公司

甲、乙双方就房屋买卖事项，经协商一致，达成以下合同条款：

一、甲方自愿将坐落在无锡市锡山区二泉路105号2幢101、102室（建筑结构：钢结构，建筑总面积：500平方米）房产出售给乙方，并将与所出售该房产的相关的土地使用权同时出售给乙方（附房地产复印件及该房产位置图）。

二、双方议定上述房地产及附属建筑物总价款为人民币壹仟壹佰壹拾万元整。乙方需于2017年5月1日前向甲方支付该笔款项，付款方式为银行转账。

三、甲方在2017年5年1日将上述房屋交付给乙方。甲方保证该房产合法、权属清楚、有合法的土地使用权（已交纳土地出让金）。

四、办理房产证手续所产生的有关税费由甲方承担。

五、本合同经双方签章并经审查鉴定后生效，并对双方都具有约束力，应严格履行。如一方违反本合同条款，该方应向对方支付人民币伍拾万元的违约金；一方如不能按规定交付房产或按规定支付房款，每逾期一日，应向对方支付人民币伍佰元的罚款，逾期30日视为毁约；如因政府及银行规定，本合同涉及房产手续客观上不能办理过户或银行办理按揭导致合同解除，不适用本条款。

六、未尽事宜，双方愿按国家有关规定办理。如发生争议，双方协商解决；协商不成的，双方愿向（本市）仲裁委员会申请仲裁。

七、本协议一式两份，具有同等法律效力，自双方签字盖章之日生效。

甲方：南青房地产有限公司　　　　　　　　乙方：无锡芳华股份有限公司

代表（签字）：吴佳　　　　　　　　　　　代表（签字）：王恩威

签订日期：2017年05月01日　　　　　　　签订日期：2017年05月01日

表9-3

江苏增值税专用发票

No 15453800

发票联

开票日期：2017年5月1日

3102167130

| 购买方 | 名　称：无锡芳华股份有限公司
纳税人识别号：91160102244212845A
地址、电话：无锡市青祁路221号 66774521
开户行及账号：工商银行青祁路办事处234791155 | 密码区 | （略） |

货物或应税劳务、服务名称	规格型号	单位	数量	单价	金额	税率	税额
写字楼					10 000 000.00	11%	1 100 000.00
合　计					￥10 000 000.00		￥1 100 000.00
价税合计（大写）	⊗壹仟壹佰壹拾万元整						￥11 100 000.00

| 销售方 | 名　称：南青房地产有限公司
纳税人识别号：91110123895584211M
地址、电话：无锡市中山路85号 83003333
开户行及账号：中国银行梁溪分行3928009154 | 备注 | 91110123895584211M
发票专用章 |

收款人：刘珊珊　　复核：赵务　　开票人：钱曦　　销售方（章）

第三联 发票联 购买方记账凭证

表 9-4

中国工商银行
转账支票存根
16203130

附加信息

出票日期 2017 年 05 月 01 日

收款人：南青房地产有限公司

金　额：￥11 100 000.00

用　途：购入写字楼

单位主管：王思成　　会计：赵务

表 9-5　　中国工商银行　进账单（回单）　1

2017 年 5 月 1 日

出票人	全　称	无锡荣华股份有限公司	收款人	全　称	南青房地产有限公司
	账　号	234791155		账　号	3928009154
	开户银行	工商银行青祁路办事处		开户银行	中国银行梁溪分行

金额	人民币（大写）	壹仟壹佰壹拾万元整	亿千百十万千百十元角分 ￥1110000000

票据种类	转账支票	票据张数	1
票据号码	16203130		

中国工商银行
青祁路办事处
2017.05.01
转讫

复核：　　记账：　　　　　开户银行签章

表 9-6　　固定资产验收单　　编号：009

名称	规格型号	来源	数量	购（造）价	使用年限	预计残值
写字楼		购买	1	10 000 000.00	20	0
安装费	月折旧率	建造单位		交工日期	附件	
	0.417%			2017.05.01		
验收部门	资产管理部	验收人员	王芳	资产管理部门	资产管理部	管理人员 周阳
备注	该固定资产为从南青房地产有限公司购入					

表9-7

房屋租赁合同

出租人（以下简称甲方）：无锡芳华股份有限公司

承租人（以下简称乙方）：华新有限公司

甲、乙双方就房屋租赁事项，经协商一致，达成以下合同条款：

一、甲方自愿将坐落在无锡市锡山区二泉路105号2幢101、102室（建筑总面积：500平方米）写字楼出租给乙方作为经营使用。

二、租赁期限为5年，自2017年5月1日起至2022年4月30日止。以上租赁期限届满后，甲乙双方如无异议，租赁期可自动延长至2022年10月30日。以上租赁期或租赁延长期届满时，双方如有意修改或续订合同，至少应当在期限满前90日提出协商，并在期满前60日签订新的租赁合同。双方如在本合同租赁期或租赁延长期满前60日内未就争议达成一致或签订新的租赁合同的，本合同到期即行终止。

三、本写字楼年租金为人民币壹佰伍拾万元整。合同期内，乙方应于每月1日向甲方支付每月租金壹拾贰万伍仟元整。

四、乙方租赁期间，水费、电费、取暖费、燃气费、电话费、物业费以及其他由乙方使用而产生的费用全部由乙方负担。租赁结束时，乙方须交清欠费。

五、租赁期间，任何一方提出终止合同，需提前1个月书面通知对方，经双方协商一致后，签订终止合同书。若一方强行终（中）止合同，须向另一方支付违约金人民币叁拾万元整。

六、本合同在履行过程中如发生争议，双方协商解决；协商不成的，双方自愿向（本市）法院申请仲裁。

七、本协议一式两份，甲、乙双方各执一份，自双方签字盖章之日起生效。

甲方：无锡芳华股份有限公司　　　　　　乙方：华新有限公司

代表（签字）：王思威　　　　　　　　　代表（签字）：胡江峰

签订日期：2017年05月01日　　　　　　签订日期：2017年05月01日

表9-8

折旧计算表

2017年12月31日

单位：元

资产类别	使用单位	购入时间	原价	月折旧率	月折旧额
投资性房地产（写字楼）	华新有限公司	2017年5月1日	10 000 000	0.417%	41 666.67

表9-9

中国工商银行　进账单（收账通知）　3

2017年5月1日

汇款人	全称	华新有限公司	收款人	全称	无锡芳华股份有限公司
	账号	55233556		账号	234791155
	开户银行	中国工商银行无锡锡山支行		开户银行	工商银行青祁路办事处

金额	人民币（大写）	壹拾贰万伍仟元整	亿 千 百 十 万 千 百 十 元 角 分 ￥ 1 2 5 0 0 0 0 0

中国工商银行
青祁路办事处
2017.05.01
转讫

票据种类	转账支票	票据张数	1
票据号码	略		

复核：　　　记账：

收款人开户银行签章

此联是收款人开户银行交给收款人的收账通知

表9-10

江苏增值税专用发票

3102167130

此联不作报销、拍税凭证使用

No 15453821

开票日期：2017 年 5 月 1 日

购买方	名　　称：华新有限公司 纳税人识别号：91310040211258476M 地　址、电　话：无锡市建设路 68 号 98706543 开户行及账号：工行无锡锡山支行 55233556				密码区	（略）			第一联　记账联　销售方记账凭证
货物或应税劳务、服务名称	规格型号	单位	数量	单价	金额	税率	税额	
租金					112 612.61	11%	12 387.39	
合　计					112 612.61		12 387.39	
价税合计（大写）	⊗壹拾贰万伍仟元整				（小写）￥125 000.00			
销售方	名　　称：无锡芳华股份有限公司 纳税人识别号：91160102244212845A 地　址、电　话：无锡市青祁路 221 号 66774521 开户行及账号：工商银行青祁路办事处 234791155				备注	91160102244212845A 发票专用章			

收款人：王明　　　　复核：　　　　开票人：黄华　　　　销售方（章）

实训要求：

（1）根据表9-1至表9-7编制无锡芳华股份有限公司购进写字楼的分录。

（2）根据表9-8编制无锡芳华股份有限公司对写字楼计提折旧的分录。

（3）根据表9-9至表9-10编制无锡芳华股份有限公司收到租金的分录。

第10章　流动负债

内容结构图

本章内容结构图如图10-1所示。

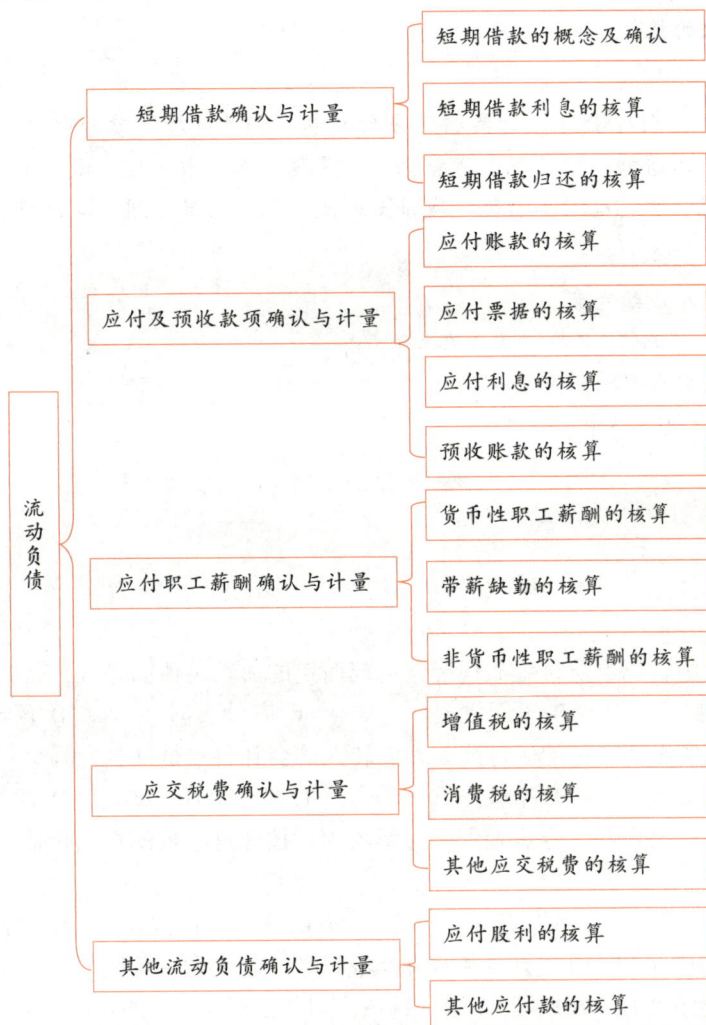

```
                                    ┌─ 短期借款的概念及确认
                  短期借款确认与计量 ─┼─ 短期借款利息的核算
                                    └─ 短期借款归还的核算

                                    ┌─ 应付账款的核算
                  应付及预收款项确认  ├─ 应付票据的核算
                  与计量             ├─ 应付利息的核算
                                    └─ 预收账款的核算
流
动                                  ┌─ 货币性职工薪酬的核算
负  ─────────────  应付职工薪酬确认  ├─ 带薪缺勤的核算
债                 与计量            └─ 非货币性职工薪酬的核算

                                    ┌─ 增值税的核算
                  应交税费确认与计量 ─┼─ 消费税的核算
                                    └─ 其他应交税费的核算

                                    ┌─ 应付股利的核算
                  其他流动负债确认与 ─┤
                  计量               └─ 其他应付款的核算
```

图 10-1　本章内容结构图

预习要览

本章重点与难点

1.应付账款的核算;

2.应付职工薪酬的核算;

3.应付票据的核算;

4.短期借款的核算;

5.增值税一般纳税人的核算;

6.预收账款的核算。

主要概念

短期借款　应付账款　应付票据　应付利息　预收账款　货币性职工薪酬　带薪缺勤　非货币性职工薪酬　增值税　消费税　资源税　土地增值税　城市维护建设税　教育费附加　房产税　印花税　车船税　城镇土地使用税　应付股利　其他应付款

主要公式

1.一般纳税人应纳税额

当期应纳税额=当期销项税额-当期进项税额

2.小规模纳税人应纳税额

应纳税额=销售额×征收率

同步测试

❄ 理论题

一、单项选择题

1.下列各项中,属于偿付金额视经营情况而定的流动负债的是（　　　）。

A.应付股利　　　　　　B.短期借款　　　　　　C.应付票据　　　　　　D.预收账款

2.企业对确实无法支付的应付账款,应转入的会计科目是（　　　）。

A.其他业务收入　　　　B.资本公积　　　　　　C.盈余公积　　　　　　D.营业外收入

3.银行承兑汇票到期,企业无力支付票款的,按应付票据的账面价值,借记"应付票据"科目,贷记（　　　）科目。

A.应付账款　　　　　　B.短期借款　　　　　　C.其他应付款　　　　　D.预付账款

4.某公司2017年11月1日开具了商业承兑汇票,该商业汇票的面值为50 000元,年利率为6%,期限为6个月。2017年12月31日该公司"应付票据"的账面价值是（　　　）元。

A.50 000　　　　　　　B.50 500　　　　　　　C.51 500　　　　　　　D.51 000

5.甲企业为增值税小规模纳税人（征收率为3%）,11月初欠缴增值税1 000元,本月购进材料的买价为10 000元,支付的增值税为1 700元;本月销售产品,取得含税销售收入1 030 000元,则甲企业本月应交增值税为（　　　）元。

A.31 000　　　　　　　B.30 000　　　　　　　C.29 300　　　　　　　D.28 300

6.下列税金中，与企业计算损益无关的是（　　　）。

　A.消费税　　　　　　B.所得税　　　　　　C.增值税　　　　　　D.城市维护建设税

7.下列各项中，不属于流动负债的是（　　　）。

　A.应交税费　　　　　B.应付票据　　　　　C.预付账款　　　　　D.预收账款

8.企业缴纳的下列税款中，不应记入"税金及附加"科目的是（　　　）。

　A.增值税　　　　　　B.印花税　　　　　　C.房产税　　　　　　D.城镇土地使用税

9.下列各项中，不属于职工薪酬核算内容的是（　　　）。

　A.住房公积金　　　　　　　　　　　B.工会经费和职工教育经费

　C.职工因公出差的差旅费　　　　　　D.因解除与职工的劳动关系给予的补偿

10.下列各项中，不应记入"税金及附加"科目的是（　　　）。

　A.消费税　　　　　　　　　　　　　B.房产税

　C.城市维护建设税　　　　　　　　　D.增值税的销项税额

11.某企业为增值税小规模纳税人，购入原材料取得的增值税专用发票上注明：货款20 000元，增值税3 400元，在购入材料的过程中另支付运杂费1 000元。则该企业原材料的入账价值为（　　　）元。

　A.20 000　　　　　　B.20 600　　　　　　C.23 400　　　　　　D.24 400

12.工业企业出售厂房应交的增值税，应借记的会计科目是（　　　）。

　A.税金及附加　　　　B.固定资产清理　　　C.营业外支出　　　　D.其他业务成本

13.甲公司结算本月管理部门人员应付职工工资共250 000元，代扣该部门职工个人所得税15 000元，实发工资235 000元。下列关于该企业的会计处理中，不正确的是（　　　）。

　A.借：管理费用　　　　　　　　　　　　　　　　　　250 000

　　　贷：应付职工薪酬——工资　　　　　　　　　　　　　　　250 000

　B.借：应付职工薪酬——工资　　　　　　　　　　　　15 000

　　　贷：应交税费——应交个人所得税　　　　　　　　　　　　15 000

　C.借：其他应收款　　　　　　　　　　　　　　　　　15 000

　　　贷：应交税费——应交个人所得税　　　　　　　　　　　　15 000

　D.借：应付职工薪酬——工资　　　　　　　　　　　　235 000

　　　贷：银行存款　　　　　　　　　　　　　　　　　　　　235 000

14.某企业为增值税一般纳税人，2017年实际缴纳税金情况如下：增值税850万元、消费税150万元、城市维护建设税70万元、车船税0.5万元、房产税1.5万元、所得税120万元。上述各项税金应记入"应交税费"科目借方的金额为（　　　）万元。

　A.1 190　　　　　　 B.1 190.5　　　　　 C.1 191.5　　　　　 D.1 192

二、多项选择题

1.下列各项中，属于结算过程中形成的流动负债的有（　　　）。

　A.短期借款　　　　　B.应付账款　　　　　C.应付票据

　D.应交税费　　　　　E.预收账款

2.下列各项中，属于流动负债的有（　　　）。

　A.短期借款　　　　　B.应付账款　　　　　C.预收账款

　D.应付职工薪酬　　　E.预付账款

3.企业所发生的下列税费中，可以记入"税金及附加"科目的有（　　　）。

A.教育费附加　　　　　　　B.房产税　　　　　　　　　C.城镇土地使用税

D.增值税　　　　　　　　　E.所得税

4.工业企业按规定缴纳增值税的项目有（　　　）。

A.销售商品取得收入　　　　　　　　B.销售不动产取得收入

C.出租无形资产取得收入　　　　　　D.提供运输等工业性劳务

E.销售原材料取得收入

5.下列各项税金中，应计入有关资产成本的有（　　　）。

A.增值税一般纳税人购入材料已交的增值税

B.增值税一般纳税人购入应交消费品已交的消费税

C.增值税小规模纳税企业购入商品已交的增值税

D.进口商品缴纳的关税

E.企业购入材料签订合同时缴纳的印花税

6.下列各项中，应通过"应付职工薪酬"科目核算的有（　　　）。

A.工会经费　　　　　　　　　　　B.职工教育经费

C.职工补充养老保险　　　　　　　D.以自产的产品作为福利发给职工

7.下列税金中，应计入存货成本的有（　　　）

A.由受托方代扣代缴的委托加工直接用于对外销售的商品负担的消费税

B.由受托方代扣代缴的委托加工继续用于生产应纳消费税的商品负担的消费税

C.进口原材料交纳的进口关税

D.小规模纳税企业购买材料交纳的增值税

三、判断题

1.某企业与中国银行达成了5个月后借入1 000万元的借款意向书，形成该企业的一项负债。　　　　　　　　　　　　　　　　　　　　　　　　　　　　　　（　　）

2.企业向银行或其他金融机构借入的各种款项所发生的利息应当计入财务费用。（　　）

3.短期借款利息是按期支付的，如按季度支付利息，或者利息是在借款到期时连同本金一起归还，即使数额较大的，企业也应该按期支付，不需要计提。　　　　（　　）

4.预收账款不多的企业，可以不设置"预收账款"科目，企业预收客户货款时，直接将其记入"应收账款"科目的借方。　　　　　　　　　　　　　　　　　　（　　）

5.应付职工薪酬包括职工在职期间和离职后提供给职工的全部货币性薪酬和非货币性福利，也包括解除劳务关系给予的补偿。　　　　　　　　　　　　　　　　（　　）

6.一般纳税人购入货物支付的增值税，均应通过"应交税费——应交增值税"科目进行核算。　　　　　　　　　　　　　　　　　　　　　　　　　　　　　　　（　　）

7.企业购入货物验收入库后，若货款尚未支付，发票账单尚未收到，应在月末按照估计的金额确认一笔负债，反映在资产负债表有关负债项目中。　　　　　　　　（　　）

8.企业将自产的商品赠送他人，应视同销售计算增值税，借记"应付职工薪酬"科目，贷记"应交税费——应交增值税（进项税额转出）"等科目。　　　　　　　（　　）

9.企业委托加工应税消费品在收回后，应将由受托方代收代缴的消费税计入相关成本。　　　　　　　　　　　　　　　　　　　　　　　　　　　　　　　　　（　　）

10.对外销售的应税产品应缴纳的资源税记入"税金及附加"科目，自产自用应税产品应缴纳的资源税记入"生产成本"或"制造费用"等科目。　　　　（　　）

四、业务核算题

【业务核算题1】

目的：练习短期借款的核算。

资料：A公司于2017年1月1日向银行借入一笔生产经营用的借款，共计120 000元，期限为9个月，年利率为8%。根据协议，该项借款本金到期后一次归还，利息按月预提按季支付。

要求：编制上述业务的会计分录。

【业务核算题2】

目的：练习应交税费的核算。

资料：大地公司为增值税一般纳税人，原材料按实际成本核算，2017年12月发生下列有关业务：

（1）购入甲材料一批，增值税专用发票上注明原材料价款为200 000元，增值税为34 000元；另支付运费2 000元，增值税220元。材料已验收入库，货款已用银行存款支付。

（2）购置生产用不需要安装的设备一台，增值税专用发票上注明的价款为20 000元，增值税为3 400元，款项已通过银行存款支付。

（3）水灾后盘点库存发现损失原材料4 000元，应分担增值税680元。

（4）销售产品一批，开出增值税专用发票，注明价款300 000元，增值税51 000元，款项已存入银行。

（5）在建仓库工程领用生产用原材料40 000元，该材料购入时已抵扣增值税进项税额6 800元。

（6）投资转入材料一批，不含税价格为80 000元，增值税为13 600元。

（7）计算本月应交增值税并以银行存款上交。

要求：编制上述业务的会计分录。

【业务核算题3】

目的：练习应付票据的核算。

资料：企业于2017年6月1日购入材料一批，该批材料价款为200 000元，允许抵扣的增值税进项税额为34 000元，企业签发由银行承兑的期限为3个月的银行承兑汇票一张，通过银行转账支付银行承兑汇票的手续费500元。该批材料已验收入库，按实际成本核算。

要求：根据上述资料编制下列会计分录：

（1）2017年6月1日，购入材料，签发汇票；

（2）支付银行承兑汇票手续费；

（3）2017年9月1日，银行承兑汇票到期，企业支付票款；

（4）2017年9月1日，银行承兑汇票到期，企业无力支付票款。

【业务核算题4】

目的：练习应付职工薪酬的核算。

资料：甲公司本月有关职工薪酬业务如下：

（1）本月应发工资1 000 000元，其中：生产工人及车间管理人员的工资分别为500 000元和100 000元；公司管理部门人员的工资为150 000元；公司专设销售机构人员的工资为75 000元；建造厂房人员的工资为100 000元；内部开发存货管理系统人员的工资为75 000元，符合无形资产资本化条件。

（2）根据所在地政府规定，公司分别按上年月平均职工工资总额1 000 000元的11%、21%、1.5%、0.5%、1%和7%计算缴纳医疗保险费、养老保险费、失业保险费、工伤保险费、生育保险费等社会保险费和住房公积金；根据上年实际发生的职工福利情况，公司预计本年应负担的职工福利费金额为职工工资总额的2%，受益对象为上述所有人员。公司还分别按工资总额的2%和2.5%计提工会经费和职工教育经费。

（3）公司应向职工支付工资、奖金、津贴等1 000 000元，其中：代垫的家属医药费为25 000元、应缴的个人所得税为30 000元，按2%、0.5%、8%、7%计算为个人代垫的医疗保险费、失业保险费、养老保险费和住房公积金，其余部分通过银行划到各职工银行账户。

（4）公司有职工100人，其中，生产工人70名，车间管理人员20名，企业管理人员10名。公司决定给每位职工两箱自产的洗衣粉，每箱成本180元，售价200元，增值税税率为17%。（非货币职工薪酬——自产产品分给职工）

（5）公司为各部门经理每人免费提供汽车一辆使用，经理总共20人，每辆汽车每月计提折旧1 000元，同时为副总裁以上人员每人免费提供住房一套，副总裁以上共5人，每套月租金8 000元。（非货币职工薪酬——免费提供汽车或住房）

要求：根据上述资料编制会计分录。

第11章　非流动负债

内容结构图

本章内容结构图如图11-1所示。

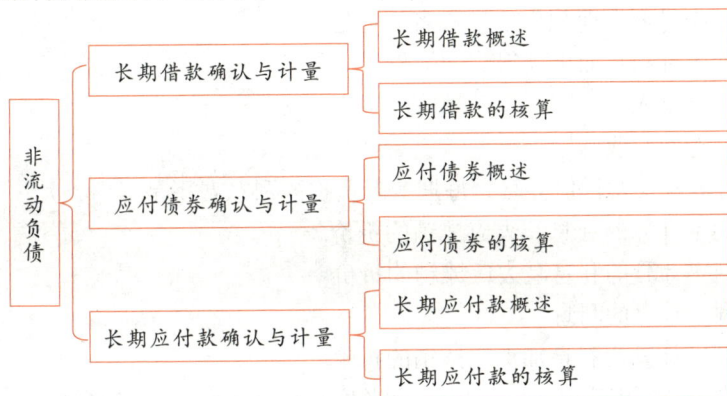

图11-1　本章内容结构图

预习要览

本章重点与难点

1.长期借款的核算；

2.应付债券的核算；

3.融资租赁；

4.长期应付款的核算。

主要概念

长期借款　应付债券　融资租赁　溢价发行　平价发行　折价发行　长期应付款

同步测试

一、单项选择题

1.甲公司于2016年10月1日发行5年期面值总额为100万元的债券，债券票面年利率为12%，到期一次还本付息，按面值发行（发行手续费略）。2017年6月30日该公司应付债券的账面价值为（　　）元。

A.1 000 000　　　　　B.1 120 000　　　　　C.1 090 000　　　　　D.1 080 000

2.甲公司于2016年1月1日发行四年期公司债券5 000万元，实际收到发行价款5 000万元。该债券票面年利率为6%，半年付息一次。2017年12月31日，甲公司对于该债券应确认的财务费用为（　　）万元。

　　A.300　　　　　　　　B.150　　　　　　　　C.100　　　　　　　　D.200

3.X公司2017年7月1日按面值发行5年期债券100万元。该债券到期一次还本付息，票面年利率为5%。X公司当年12月31日应付债券的账面余额为（　　）万元。

　　A.100　　　　　　　　B.102.5　　　　　　　　C.105　　　　　　　　D.125

4.公司债券的发行方式有三种：即面值发行、溢价发行、折价发行。其中溢价是企业（　　）。

　　A.以后各期少付利息而预先给投资者的补偿

　　B.以后各期多付利息而事先得到的补偿

　　C.本期的利息收入

　　D.以后期间的利息收入

5.企业以折价方式发行债券时，每期实际负担的利息费用是（　　）。

　　A.按票面利率计算的利息减去应摊销的折价

　　B.按实际利率计算的利息减去应摊销的折价

　　C.按实际利率计算的利息

　　D.按实际利率计算的利息加上应摊销的折价

6.当所购建的固定资产（　　）时，应当停止其借款费用的资本化；以后发生的借款费用应当于发生当期确认为费用。

　　A.达到预定可使用状态　　　　　　　　B.交付使用

　　C.竣工决算　　　　　　　　　　　　　D.交付使用并办理竣工决算手续

7.某企业发行分期付息、到期一次还本的债券，按其票面利率计算确定的应付未付利息，应该记入（　　）科目。

　　A.应付债券——应计利息　　　　　　　B.应付利息

　　C.应付债券——利息调整　　　　　　　D.应付债券——面值

二、多项选择题

1."应付债券"账户贷方反映的内容有（　　）。

　　A.溢价发行时产生的利息调整费用　　　B.折价发行时利息调整费用的摊销

　　C.期末计提应付债券利息　　　　　　　D.溢价发行时利息调整费用的摊销

2.下列项目中，属于"长期应付款"科目核算的内容的有（　　）。

　　A.政府作为企业所有者投入的具有特定用途的款项

　　B.以分期付款方式购入固定资产发生的应付款项

　　C.应付经营租入固定资产租赁费

　　D.企业采用补偿贸易方式引进国外设备发生的应付款

3.下列属于企业非流动负债的有（　　）。

　　A.长期借款　　　　　B.应付债券　　　　C.长期应付款　　　D.预收账款

4.企业在生产经营期间按面值发行债券，按期计提利息时，可能涉及的会计科目有（　　）。

A.财务费用　　　　　B.在建工程　　　　　C.短期借款　　　　　D.管理费用

5.下列关于企业发行一般公司债券的会计处理，正确的有（　　　）。

A.无论是按面值发行，还是溢价发行或折价发行，均应按债券面值记入"应付债券"科目的"面值"明细科目

B.实际收到的款项与面值的差额，应记入"利息调整"明细科目

C.对于利息调整，企业应在债券存续期间内选用实际利率法或直线法进行摊销

D.资产负债表日，企业应按应付债券的面值和实际利率计算确定当期的债券利息费用

三、判断题

1.债券溢价发行时，采用实际利率法对利息调整进行摊销，摊销的利息调整金额逐期减小，利息费用逐期增大。　　　　　　　　　　　　　　　　　（　　）

2.企业发行的应付债券的利息，均应通过"应付债券——应计利息"科目核算。

（　　）

3."长期借款"账户的期末余额，反映企业尚未支付的各种长期借款的本金。（　　）

4.企业发生的所有借款利息都应作为财务费用处理。　　　　　　　　（　　）

5.债券利率一般用年利率表示，它等于同时期的市场利率。　　　　　（　　）

四、业务核算题

【业务核算题1】

目的：练习应付债券的核算。

资料：甲企业于2016年1月1日发行2年期、到期时一次还本付息、利率为6%、面值总额为2 000 000元的债券，所筹资金用于厂房扩建，其扩建工程延长了厂房的使用寿命。该债券已按面值发行成功，款项已收存银行。A企业每半年计提一次利息。厂房扩建工程于2016年1月1日开工建设，2016年12月31日达到预定可使用状态。假定2016年6月30日计提利息时，按规定实际利息支出的60%应予资本化。2016年12月31日计提利息时，按规定实际利息支出的90%应予资本化。2018年1月1日债券到期时，以银行存款偿还本息。

要求：编制A企业按面值发行债券，以及2016年至2018年各期计提债券利息和债券还本付息的会计分录。（"应付债券"科目需写出明细科目）

【业务核算题2】

目的：练习应付债券的核算。

资料：某企业经批准于2017年1月1日起发行两年期面值为100元的债券200 000张，债券年利率为3%，每年7月1日和12月31日付息两次，到期时归还本金和最后一次利息。该债券发行收款为1 961.92万元，债券实际利率为年利率4%。该债券所筹资金全部用于新生产线的建设，该生产线于2017年6月底完工交付使用。债券利息调整采用实际利率法摊销，每年6月30日和12月31日计提利息。

要求：编制该企业从债券发行到债券到期的全部会计分录。（金额单位用万元表示）

第12章 所有者权益

内容结构图

本章内容结构图如图12-1所示。

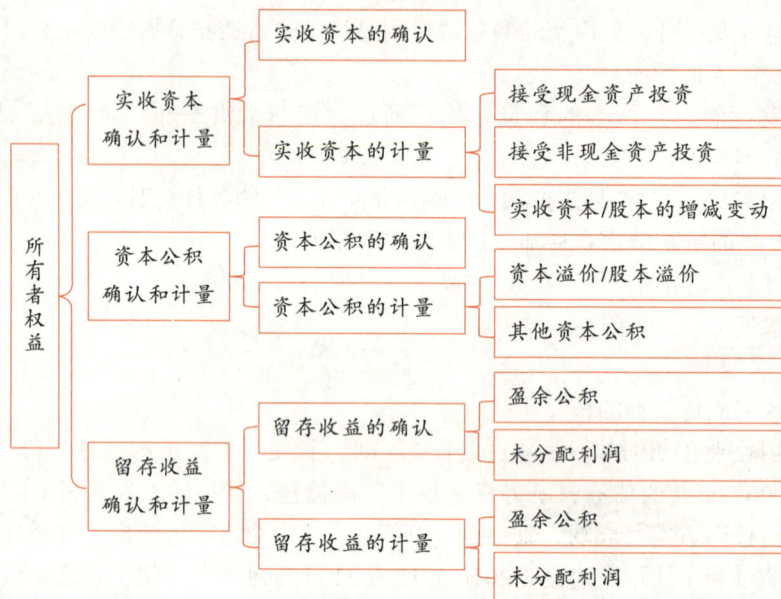

图12-1 本章内容结构图

预习要览

本章重点与难点

1.所有者权益的含义及特征，以及与负债的区别；

2.实收资本增加和减少的账务处理；

3.资本溢价（或股本溢价）的账务处理；

4.盈余公积、未分配利润的计算和账务处理。

主要概念

所有者权益 实收资本 资本公积 资本溢价 留存收益 盈余公积 未分配利润

同步测试

一、单项选择题

1.下列各项中，不属于所有者权益的是（　　）。

A.递延收益　　　　B.盈余公积　　　　C.未分配利润　　　D.资本公积

2.下列各项中，能够引起企业所有者权益减少的是（　　）。

A.股东大会宣告派发现金股利　　　　B.以资本公积转增资本

C.提取法定盈余公积　　　　D.提取任意盈余公积

3.下列各项中，影响所有者权益总额的是（　　）。

A.用盈余公积弥补亏损　　　　B.用盈余公积转增资本

C.股东大会宣告分配现金股利　　　　D.实际分配股票股利

4.下列各项中，不属于所有者权益的是（　　）。

A.资本溢价　　　　B.计提的盈余公积

C.投资者投入的资本　　　　D.应付高管人员基本薪酬

5.上市公司发生的下列交易或事项中，会引起所有者权益总额发生增减变动的是（　　）。

A.发放股票股利　　　　B.应付账款获得债权人豁免

C.以本年利润弥补以前年度亏损　　　　D.注销库存股

6.某企业年初所有者权益为160万元，本年度实现净利润300万元，以资本公积转增资本50万元，提取盈余公积30万元，向投资者分配现金股利20万元。假设不考虑其他因素，该企业年末所有者权益为（　　）万元。

A.360　　　　B.410　　　　C.440　　　　D.460

7.某公司年初所有者权益总额为1 360万元，当年实现净利润450万元，提取盈余公积45万元，向投资者分配现金股利200万元，本年内以资本公积转增资本50万元，投资者追加现金投资30万元。该公司年末所有者权益总额为（　　）万元。

A.1 565　　　　B.1 595　　　　C.1 640　　　　D.1 795

8.企业增资扩股时，投资者实际缴纳的出资额大于其按约定比例计算的其在注册资本中所占的份额部分，应作为（　　）。

A.资本溢价　　　　B.实收资本　　　　C.盈余公积　　　　D.营业外收入

9.甲公司是由A、B、C三方各出资400万元共同设立的，年末该公司所有者权益项目的余额为：实收资本为1 200万元，资本公积为300万元，盈余公积为120万元，未分配利润为120万元。为扩大经营规模，A、B、C三方决定重组公司，吸收D投资者加入，D投资者应投入货币资金600万元，且四方投资比例均为25%。接受D投资后的注册资本为1 600万元。则甲公司接受D投资者投资时应记入"资本公积——资本溢价"账户的金额为（　　）万元。

A.100　　　　B.600　　　　C.200　　　　D.300

10.某公司委托证券公司发行股票1 000万股，每股面值1元，每股发行价格10元，向证券公司支付佣金200万元。该公司应贷记"资本公积——股本溢价"科目的金额为（　　）万元。

A.10 000   B.8 800   C.9 000   D.1 000

11.某企业委托券商代理发行股票 5 000 万股，每股面值 1 元，每股发行价格 6 元。按发行价格的 2%向券商支付发行费用，该企业在收到股款时，应记入"资本公积"科目的金额为（   ）万元。

A.24 750   B.24 400   C.24 650   D.25 000

12.股份有限公司通过收购本企业股票减资时，注销库存股的账面余额和股本之间的差额应冲销的顺序是（   ）。

A.资本公积，盈余公积，未分配利润

B.未分配利润，盈余公积，资本公积

C.盈余公积，资本公积，未分配利润

D.盈余公积，未分配利润，资本公积

13.下列各项中，不属于企业留存收益的是（   ）。

A.股本溢价   C.未分配利润   B.任意盈余公积   D.法定盈余公积

14.某日某企业所有者权益情况如下：实收资本 200 万元，资本公积 26 万元，盈余公积 28 万元，未分配利润 59 万元。则该企业该日的留存收益为（   ）万元。

A.32   B.38   C.70   D.87

15.下列各项中，会引起留存收益总额发生增减变动的是（   ）。

A.资本公积转增资本   B.盈余公积补亏

C.发生业务招待费支出   D.用税后利润补亏

16.法定盈余公积转增资本后，其余额不少于增资前企业注册资本的（   ）。

A.10%   B.15%   C.20%   D.25%

17.某公司"盈余公积"科目的年初余额为 900 万元，本期提取盈余公积 1 112.5 万元，用盈余公积转增资本 500 万元。该公司"盈余公积"科目的年末余额为（   ）万元。

A.712.5   B.1 512.5   C.1 312.5   D.1 762.5

18.某公司当年实现净利润 200 万元，年初未分配利润为 50 万元，向投资者分配利润 40 万元，盈余公积提取比例为 10%，则当年应计提盈余公积（   ）万元。

A.25   B.21   C.20   D.16

19.用法定盈余公积弥补以前年度亏损时，除借记"盈余公积——法定盈余公积"账户外，还要贷记（   ）。

A."利润分配——未分配利润"账户   B."利润分配——其他转入"账户

C."本年利润"账户   D."利润分配——盈余公积补亏"账户

20.企业用当年实现的利润弥补亏损时，会计处理正确的是（   ）。

A.借记"本年利润"科目，贷记"利润分配——未分配利润"科目

B.借记"利润分配——未分配利润"科目，贷记"本年利润"科目

C.借记"利润分配——未分配利润"科目，贷记"利润分配——未分配利润"科目

D.无需专门进行账务处理

21.下列各项中，属于企业未分配利润用途的是（   ）。

A.留待以后年度向投资者进行分配   B.用于弥补亏损

C.用于计提企业的法定盈余公积   D.用于计提企业的任意盈余公积

22.某企业年初未分配利润为借方余额 12 000 元（该亏损为超过 5 年的未弥补亏损），当年净利润为 210 000 元，按 10%的比例提取盈余公积。不考虑其他事项，该企业年末未分配利润为（　　）元。

A.178 200　　　　　　B.198 000　　　　　　C.209 100　　　　　　D.201 000

23.某企业年初未分配利润为贷方余额 400 万元，本年实现净利润 1 600 万元，按净利润的 10%提取法定盈余公积，提取任意盈余公积 100 万元，向投资者分配利润 80 万元。该企业年末可供分配利润为（　　）万元。

A.1 840　　　　　　B.2 000　　　　　　C.1 740　　　　　　D.1 680

24.某企业年初未分配利润为贷方余额 200 万元，本年利润总额为 1 000 万元，该企业适用的所得税税率为 25%，不考虑纳税调整事项，按净利润的 10%提取法定盈余公积，提取任意盈余公积 50 万元，向投资者分配利润 100 万元，用盈余公积转增资本 500 万元。该企业年末未分配利润贷方余额为（　　）万元。

A.825　　　　　　B.875　　　　　　C.725　　　　　　D.1 225

25.某企业某年初的所有者权益构成情况如下：实收资本 1 500 万元，资本公积 100 万元，盈余公积 300 万元，未分配利润 200 万元。本年度实现利润总额为 600 万元，企业所得税税率为 25%。假定不存在纳税调整事项及其他因素，该企业该年 12 月 31 日的可供分配利润为（　　）万元。

A.600　　　　　　B.650　　　　　　C.800　　　　　　D.1 100

二、多项选择题

1.下列各项中，属于所有者权益的有（　　）。

A.盈余公积　　　　B.实收资本　　　　C.未分配利润　　　D.资本公积

2.下列项目中，能同时引起资产和利润总额减少的项目有（　　）。

A.计提短期借款的利息　　　　　　　B.计提行政管理部门固定资产折旧

C.支付业务招待费　　　　　　　　　D.管理部门无形资产摊销

3.下列各项中，能同时引起资产和所有者权益发生增减变化的有（　　）。

A.分配股票股利　　　　　　　　　　B.接受现金投资

C.用盈余公积弥补亏损　　　　　　　D.投资者投入资本

4.下列说法正确的有（　　）。

A.所有者权益与负债都是权益，二者共同构成了企业的资金来源

B.所有者权益对企业资产的要求权顺序位于债权人之后，享有对剩余资产的要求权

C.债权人对企业资产的要求权顺序先于投资者，享有对剩余资产的要求权

D.债权人对企业资产的要求权顺序先于投资者，债权被称为第一要求权

5.有限责任公司的出资人可以用（　　）等形式出资。

A.银行存款　　　　B.原材料　　　　C.土地使用权　　　D.机器设备

6.企业吸收投资者出资时，下列会计科目的余额不会发生变化的有（　　）。

A.实收资本　　　　B.利润分配　　　　C.盈余公积　　　　D.资本公积

7.企业实收资本增加的途径有（　　）。

A.接受投资者投资　　　　　　　　　B.经批准用盈余公积转增

C.经批准用资本公积转增　　　　　　D.接受现金捐赠

8.股票的发行价格与面值相比，从理论上看可以是（ ）。

A.发行价格大于面值 B.发行价格小于面值

C.发行价格等于面值 D.发行价格只能大于或等于面值

9.股份有限公司采用收购本公司股票方式减资的，下列说法中正确的有（ ）。

A.按股票面值和注销股数计算的股票面值总额减少股本

B.按股票面值和注销股数计算的股票面值总额减少库存股

C.按所注销库存股的账面余额减少库存股

D.购回股票支付的价款低于面值总额的，应按股票面值总额，借记"股本"科目，按所注销库存股的账面余额，贷记"库存股"科目，按其差额，贷记"资本公积——股本溢价"科目

10.甲公司某年末的股本为20 000万股，每股面值为1元，资本公积（股本溢价）为8 000万元，盈余公积为3 000万元。经股东大会批准，甲公司以银行存款回购本公司股票3 000万股并注销，每股回购价为0.9元。下列各项中，会计处理正确的有（ ）。

A.回购股票使所有者权益减少200万元 B.回购股票不影响资产总额变动

C.注销股票时使股本减少2 700万元 D.注销股票时使资本公积增加300万元

11.下列项目中，可能引起资本公积变动的有（ ）

A.投资者实际交付的资金超过其按约定比例在注册资本中享有的份额

B.计入当期损益的利得

C.用资本公积转增资本

D.处置采用权益法核算的长期股权投资

12.留存收益包括（ ）。

A.未分配利润 B.实收资本 C.任意盈余公积 D.法定盈余公积

13.盈余公积可用于（ ）

A.分配现金股利 B.转增资本 C.弥补亏损 D.发放工资

14.下列各项中，影响年末未分配利润数额的因素有（ ）。

A.年初未分配利润 B.提取盈余公积

C.本期实现的净利润 D.向股东分配股利

15.在我国，企业发生亏损，下列可用于弥补亏损的一般途径有（ ）。

A.用8年后的税后利润补亏 B.用盈余公积补亏

C.用以后连续5年的税前利润补亏 D.用资本公积补亏

四、判断题

1.由于所有者权益和负债都是对企业资产的要求权，因此它们的性质是一样的。（ ）

2.按照我国法律规定，投资者设立企业必须首先投入资本。（ ）

3.企业支付已宣告的现金股利时会引起所有者权益减少。（ ）

4.债权人权益和所有者权益对企业资产的要求权是一致的。（ ）

5.投入资本和资本公积并不来源于企业的经营积累。（ ）

6.处置采用权益法核算的长期股权投资，还应结转原记入资本公积的相关金额，借记或贷记"资本公积——其他资本公积"科目，贷记或借记"长期股权投资"科目。（ ）

7. 收入能够导致企业所有者权益增加，因此，导致所有者权益增加的一定都是收入。
( )

8. 用盈余公积转增资本或弥补亏损时，会导致所有者权益总额发生变化。( )

9. 盈余公积是企业从净利润中提取的，所以它属于企业的经营积累。( )

10. 企业本年实现的净利润加上年初未分配利润（或减年初未弥补亏损）和其他转入后的余额，为未分配利润。( )

11. 企业当年只要实现利润，就应按一定比例提取盈余公积。( )

12. 企业利润的分配顺序是向投资者分配利润、提取任意盈余公积、提取法定盈余公积。( )

13. 已宣告但尚未支付的现金股利对公司来说是一项流动负债。( )

14. 无论是以税前利润还是以税后利润弥补亏损，其会计处理方法相同，所不同的只是两者计算缴纳所得税时的处理不同而已。( )

15. 企业资产增加，所有者权益必然等额增加。( )

四、计算分析题

【计算分析题1】

长江公司 2017 年 1 月 1 日由投资者甲和投资者乙共同出资成立，每人出资 200 000 元，各占 50% 的股份。9 月 30 日"资本公积——资本溢价"账户为贷方余额 4 000 元。10 月份发生如下经济业务（所涉及款项全部以银行存款收支）：

10 月 1 日投资者甲和投资者乙决定吸收丙、丁两位新投资者加入长江公司。经有关部门批准后，长江公司实施增资，将注册资本增加到 800 000 元。经四方协商，一致同意，完成下述投入后，各占长江公司 1/4 的股份。各投资者的出资情况如下：

（1）投资者丙以 360 000 元投入长江公司作为增资，10 月 11 日收到此款项并存入银行。

（2）投资者丁以一批原材料投入长江公司作为增资，双方确认的价值为 318 000 元，与其市场价格相等，增值税为 54 060 元。投资者丁已开具增值税专用发票。

要求：

（1）编制上述 10 月份发生的经济业务的会计分录；

（2）计算资本公积的期末余额。

【计算分析题2】

W 上市公司 2017 年至 2018 年发生与其股票有关的业务如下：

（1）2017 年 1 月 6 日，经股东大会决议，并报有关部门核准，增发普通股 5 000 万股，每股面值 1 元，每股发行价格 4 元，股款已全部收到并存入银行。假设不考虑相关税费。

（2）2017 年 3 月 10 日，经股东大会决议，并报有关部门核准，以资本公积 300 万元转增股本。

（3）2018 年 2 月 20 日，经股东大会决议，并报有关部门核准，以银行存款回购本公司股票 200 万元，每股回购价格 2 元。

（4）2018 年 2 月 26 日，经股东大会决议，并报有关部门核准，将回购的本公司股票 200 万股注销。

要求：根据上述经济业务编制会计分录。

【计算分析题3】

黄河股份有限公司2017年至2018年的有关资料如下：

（1）2017年"未分配利润"年初贷方余额为100万元；

（2）2017年实现净利润200万元，按10%提取法定盈余公积后，又按净利润的20%计提了任意盈余公积，宣告派发现金股利180万元；

（3）2018年用银行存款支付已宣告的现金股利180万元。

要求：

（1）编制2017年年末有关结转净利润、提取法定盈余公积和任意盈余公积、宣告派发现金股利、结转利润分配明细账户的会计分录（盈余公积及利润分配要写明明细科目）；

（2）计算2017年年末"未利润分配"账户的余额；

（3）编制2018年支付现金股利的会计分录。

（答案金额用万元表示）

【计算分析题4】

甲股份有限公司（以下简称"甲公司"）2010年至2019年度有关业务资料如下：

（1）2010年1月1日，甲公司股东权益总额为46 500万元（其中：股本总额为10 000万股，每股面值1元；资本公积为30 000万元；盈余公积为6 000万元；未分配利润为500万元）。2007年度实现净利润400万元，股本与资本公积项目未发生变化。

2011年3月1日，甲公司董事会提出如下预案：

①按2010年度实现净利润的10%提取法定盈余公积。

②以2010年12月31日的股本总额为基数，以资本公积（股本溢价）转增股本，每10股转增4股，计4 000万股。

2011年5月5日，甲公司召开股东大会，审议批准了董事会提出的预案，同时决定分派现金股利300万元。2011年6月10日，甲公司办妥了上述资本公积转增股本的有关手续。

（2）2011年度，甲公司发生净亏损3 142万元。

（3）2012年至2017年度，甲公司分别实现利润总额200万元、300万元、400万元、500万元、600万元和600万元。假定甲公司适用的所得税税率为25%；无其他纳税调整事项。

（4）2018年5月9日，甲公司股东大会决定以法定盈余公积弥补2017年12月31日账面累计未弥补亏损。

假定：2011年发生的亏损可用以后5年内实现的税前利润弥补；除前述事项外，其他因素不予考虑。

要求：

（1）编制甲公司2011年3月提取2010年度法定盈余公积的会计分录。

（2）编制甲公司2011年5月宣告分派2010年度现金股利的会计分录。

（3）编制甲公司2011年6月资本公积转增股本的会计分录。

（4）编制甲公司2011年度结转当年净亏损的会计分录。

（5）计算甲公司2017年度应交所得税并编制结转当年净利润的会计分录。

（6）计算甲公司2017年12月31日账面累计未弥补亏损。

（7）编制甲公司2018年5月以法定盈余公积弥补亏损的会计分录。

（"利润分配"、"盈余公积"科目要求写出明细科目；答案中的金额单位用万元表示）

五、实训题

【实训1】

2018年1月1日开元投资有限公司、南瑞投资有限公司、开普投资有限公司三家公司共同投资设立东方实业有限公司（简称"东方公司"）。其中：

（1）开元投资有限公司以货币出资 1 000 000 元，东方公司已如期收到一次缴足的款项。

（2）南瑞投资有限公司以一台不需要安装的机床出资，合同约定该机床的价值为 683 760.68 元（与公允价值相符），增值税进项税额为 116 239.32 元（由南瑞投资有限公司支付税款，并提供增值税专用发票）。经约定，东方公司接受南瑞投资有限公司的投入资本为 800 000 元，并已如期收到固定资产，不考虑其他因素。

（3）开普投资有限公司以一批钢材作为原材料投资，投资合同约定的价值为 598 290.60 元（与公允价值相符），增值税进项税额为 101 709.40 元（由开普投资有限公司支付税款，并提供增值税专用发票）。经约定，东方公司接受开普投资有限公司的投入资本为 700 000 元，并已如期收到钢材。原材料按实际成本进行日常核算，不考虑其他因素。

相关原始凭证见表12-1至表12-8。

表 12-1　　　　　　　　　　　**投资协议**

投出单位（以下简称甲方）：开元投资有限公司

投入单位（以下简称乙方）：东方实业有限公司

甲、乙双方经过友好协商，就甲方向乙方投资货币资金等相关事宜，达成如下协议，以资信守：

1.开元投资有限公司向东方实业有限公司投资 1 000 000.00 元，以人民币出资 1 000 000.00 元。

2.开元投资有限公司投资后占东方实业有限公司注册资本的比例为40%。

3.开元投资有限公司必须在 2018 年 01 月 01 日前将人民币款项移交东方实业有限公司。

……

6.本合同一式两份，甲、乙双方各执一份。

甲方：开元投资有限公司　　　　　　　　乙方：东方实业有限公司

签约日期：2018年01月01日　　　　　　签约日期：2018年01月01日

表 12-2 　　**中国工商银行　进账单**　（收账通知）　3

2018年01月01日

汇款人	全　称	开元投资有限公司	收款人	全　称	东方实业有限公司
	账　号	28374958		账　号	37048766
	开户银行	工行高平办事处		开户银行	工行无锡市支行

金额	人民币（大写）　壹佰万元整	亿 千 百 十 万 千 百 十 元 角 分 ¥ 1 0 0 0 0 0 0 0 0

票据种类	转账支票	票据张数	1
票据号码	略		

中国工商银行
无锡市支行
2018.01.01
转讫

复核：　　　记账：　　　　　　　　　　收款人开户银行签章

此联是收款人开户银行交给收款人的收账通知

表 12-3　　　　　　　**投资协议**

投出单位（以下简称甲方）：南瑞投资有限公司

投入单位（以下简称乙方）：东方实业有限公司

甲、乙双方经过友好协商，就甲方向乙方投资固定资产等相关事宜，达成如下协议，以资信守：

1. 南瑞投资有限公司向东方实业有限公司投资800 000.00元，以固定资产作价800 000.00元。
2. 南瑞投资有限公司投资后占东方实业有限公司注册资本的比例为32%。
3. 南瑞投资有限公司必须在2018年01月01日前将固定资产移交东方实业有限公司。

　：

7. 本合同一式两份，甲、乙双方各执一份。

甲方：南瑞投资有限公司　　　　　　　　乙方：东方实业有限公司

签约日期：2018年01月01日　　　　　　　签约日期：2018年01月01日

表 12-4　　　　　**江苏增值税专用发票**　　　　No 15453800

发票联

3102167130　　　　　　　　　　　　开票日期：2018年1月1日

购买方	名　称：东方实业有限公司 纳税人识别号：91310040213456070M 地址、电话：无锡市建筑路68号 88706543 开户行及账号：工行无锡市支行 37048766	密码区	（略）

货物或应税劳务、服务名称	规格型号	单位	数量	单价	金额	税率	税额
机床		套	1	683 760.68	683 760.68	17%	116 239.32
合　计					683 760.68		116 239.32

价税合计（大写）	⊗捌拾万元整	¥800 000.00

销售方	名　称：南瑞投资有限公司 纳税人识别号：91310038259060214M 地址、电话：无锡市桃园路154号 86867689 开户行及账号：工商银行桃园路办事处 23479022	备注	南瑞投资 91310038259060214M 发票专用章

收款人：王国华　　　复核：　　　开票人：黄修远　　　销售方（章）

第三联 发票联 购买方记账凭证

固定资产验收单

表 12-5　　　　　　　　　　　编号：010

名称	规格型号	来源	数量	购（造）价	使用年限	预计残值
机床		投入		683 760.68	10	0
安装费	月折旧率		建造单位	交工日期		附件
	0.83%			2018.01.01		
验收部门	仓库	验收人员	王磊	资产管理部门	资产管理部	管理人员	周琦
备注	该固定资产为南瑞投资有限公司投入						

表 12-6　　投资协议

投出单位（以下简称甲方）：开普投资有限公司

投入单位（以下简称乙方）：东方实业有限公司

甲、乙双方经过友好协商，就甲方向乙方投资原材料等相关事宜，达成如下协议，以资信守：

1. 开普投资有限公司向东方实业有限公司投资 700 000.00 元，以原材料作价 700 000.00 元。

2. 开普投资有限公司投资后占东方实业有限公司注册资本的比例为 28%。

3. 开普投资有限公司必须在 2018 年 01 月 01 日前将原材料移交东方实业有限公司。

……

8. 本合同一式两份，甲、乙双方各执一份。

甲方：开普投资有限公司　　　　　　乙方：东方实业有限公司

签约日期：2018 年 01 月 01 日　　　签约日期：2018 年 01 月 01 日

表 12-7　　江苏增值税专用发票　　No 15453887

发票联

3102167130　　　　　　　开票日期：2018 年 1 月 1 日

购买方	名　称：东方实业有限公司 纳税人识别号：91310040213456070M 地址、电话：无锡市建筑路 68 号 88706543 开户行及账号：工行无锡市支行 37048766	密码区	（略）

货物或应税劳务、服务名称	规格型号	单位	数量	单价	金额	税率	税额
钢材		吨	200	2 991.45	598 290.60	17%	101 709.40
合　计					598 290.60		101 709.40

价税合计（大写）　⊗柒拾万元整　　　　　　　¥700 000.00

销售方	名　称：开普投资有限公司 纳税人识别号：91310038258798769M 地址、电话：无锡市王庄路 48 号 88987609 开户行及账号：工商银行王庄路办事处 98776548	备注	91310038258798769M 发票专用章

收款人：张丽　　复核：　　开票人：方圆　　销售方（章）

第三联 发票联 购买方记账凭证

表12-8 收料单

供应单位：开普投资有限公司　　　　　　　　　　　　　　编号：003

材料类别：原材料　　　　　2018 年 1 月 1 日　　　　收料仓库：第三仓库

材料编号	材料名称	规格	计量单位	数量		实际价格			
				应收	实收	单价	发票金额	运杂费	合计
02	钢材		吨	200	200	2 991.45	598 290.60		598 290.60

备注：

部门经理：刘峰　　　会计：时文　　　仓库：刘翔翔　　　经办人：程程

实训要求：

（1）根据表12-1、表12-2编制东方公司接受货币资金投资的会计分录；

（2）根据表12-3至表12-5编制东方公司接受固定资产投资的会计分录；

（3）根据表12-6至表12-8编制东方公司接受材料投资的会计分录。

【实训2】

2018年1月1日，无锡南阳股份有限公司委托华泰证券股份有限公司代理发行普通股30 000 000 股，每股面值 1 元，每股发行价格 3 元。假定股票发行成功，股款已全部收到，不考虑发行过程中的税费等因素。

相关原始凭证见表12-9和表12-10。

表12-9 股东大会决议

根据《公司法》及公司章程的有关规定，无锡南阳股份有限公司于2018年01月01日在无锡锡州大饭店召开股东大会，出席本次会议的股东共76人，代表公司股东95%的表决权，所作出的决议经出席会议的股东所持表决权的80%通过，决议事项如下：

1.同意无锡南阳股份有限公司委托华泰证券股份有限公司代理发行普通股30 000 000 股，每股面值1元，每股发行价格3元。

……

股东：王蕊
　　　高勇
　　　程悦
　　　朱紫薇
……

2018年01月01日

表12-10 中国工商银行 进账单 （收账通知） 3

2018年01月01日

汇款人	全称	华泰证券股份有限公司	收款人	全称	无锡南阳股份有限公司
	账号	764398200		账号	768764324
	开户银行	工行贡湖大道办事处		开户银行	工行无锡分支行

金额 人民币（大写） 玖仟万元整　　　亿千百拾万千百十元角分 ￥9 0 0 0 0 0 0 0 0 0

票据种类 转账支票　票据张数 1

票据号码 略

复核：　　记账：　　　　收款人开户银行签章

实训要求：编制无锡南阳股份有限公司发行股票的会计分录。

第13章　收入和费用

内容结构图

本章内容结构图如图13-1所示。

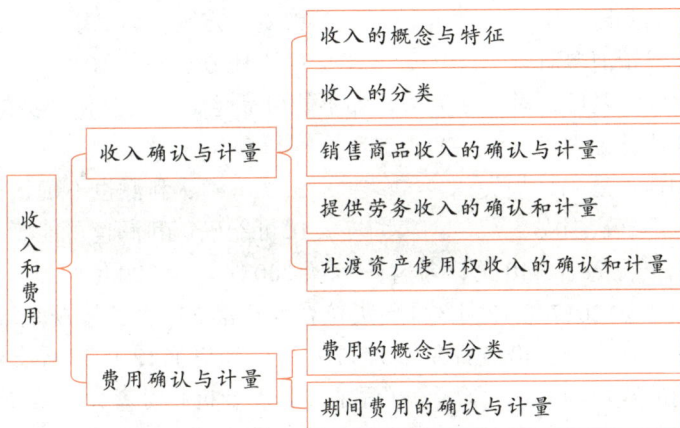

图13-1　本章内容结构图

预习要览

✔本章重点与难点

1.销售商品收入的计量；

2.销售商品涉及销售折扣、销售折让、销售退回的计量；

3.委托代销方式销售商品的计量；

4.预收款、分期收款、售后回购方式销售商品的计量；

5.销售商品不符合收入确认条件的计量；

6.提供劳务收入的计量，尤其是完工百分比法的应用。

✍主要概念

收入　费用　完工百分比法　销售折扣　销售折让　销售退回　委托代销销售商品　预收款销售商品　分期收款销售商品　售后回购销售商品　销售商品收入　提供劳务收入　让渡资产使用权收入　期间费用　销售费用　管理费用　财务费用

✋主要公式

完工百分比法，用公式表示如下：

本期确认的提供劳务收入=提供劳务收入总额×完工进度-以前会计期间累计已确认的提供劳务收入

本期确认的提供劳务成本=提供劳务预计总成本×完工进度-以前会计期间累计已确认的提供劳务成本

同步测试

一、单项选择题

1.带息应付票据的利息支出应计入（　　　）。

A.财务费用　　　　　　B.管理费用　　　　　　C.销售费用　　　　　D.制造费用

2.企业采购原材料时开具银行承兑汇票所支付的手续费应计入（　　　）。

A.存货成本　　　　　　B.管理费用　　　　　　C.销售费用　　　　　D.财务费用

3.在支付手续费委托代销方式下，委托方确认收入的时点是（　　　）。

A.委托方交付商品时　　　　　　　　　　B.受托方销售商品时

C.委托方收到代销清单时　　　　　　　　D.委托方收到货款时

4.企业在资产负债表日，对某项劳务，如不能可靠地估计所提供劳务的交易结果，则对该项劳务正确的会计处理是（　　　）。

A.不确认利润但可能确认损失　　　　　　B.既不确认利润也不确认损失

C.确认利润但不确认损失　　　　　　　　D.可能确认利润也可能确认损失

5.甲公司销售产品每件440元，若客户购买200件（含200件）以上可得到每件40元的商业折扣。某客户2017年12月8日购买该企业产品200件，按规定现金折扣条件为"2/10，1/20，N/30"。适用的增值税税率为17%。该客户于12月24日支付该笔款项时，则甲公司实际收到的款项为（　　　）元。（假定计算现金折扣时考虑增值税）

A.93 600　　　　　　　B.936　　　　　　　C.102 960　　　　　　D.92 664

6.一台设备的原值为100万元，折旧30万元已在当期和以前期间抵扣，折余价值为70万元。假定税法折旧等于会计折旧，那么此时该项设备的计税基础为（　　　）万元。

A.100　　　　　　　　B.30　　　　　　　　C.70　　　　　　　　D.0

7.以下事项中，不属于企业收入的是（　　　）。

A.销售商品所取得的收入　　　　　　　　B.提供劳务所取得的收入

C.出售无形资产的经济利益流入　　　　　D.出租机器设备取得的收入

8.下列各项应计入管理费用的是（　　　）。

A.出租包装物摊销　　　　　　　　　　　B.无形资产摊销

C.出借包装物摊销　　　　　　　　　　　D.车间领用低值易耗品摊销

9.下列各项费用中，应计入财务费用的是（　　　）。

A.支付银行承兑手续费　　　　　　　　　B.筹建期间长期借款利息

C.支付的购买短期债券的手续费　　　　　D.固定资产交付使用前的借款利息

10.按照企业会计准则的规定，企业销售产品发生的销售折让应（　　　）。

A.直接冲减主营业务收入　　　　　　　　B.直接增加补贴收入

C.记入"销售折让"科目　　　　　　　　D.直接冲减主营业务成本

11.企业对外销售需要安装的商品时，若安装和检验属于销售合同的重要组成部分，则确认该商品销售收入的时间是（　　　）。

A.发出商品时　　　　　　　　　　　　　B.收到商品销售货款时

C.商品运抵并开始安装时　　　　　　　　D.商品安装完毕并检验合格时

12.企业在委托其他单位代销商品的情况下，在视同买断代销方式下，商品销售收入确认的时间是（　　）。

A.发出商品时　　　　　　　　　　B.受托方发出商品时

C.收到代销单位的代销清单时　　　　D.全部收到款项时

13.下列关于收入确认的表述中，错误的是（　　）。

A.如果一项商品发生的任何损失均不需要本企业承担，带来的经济利益也不归本企业所有，则意味着该商品所有权上的风险和报酬已转移出该企业

B.企业销售的商品在质量、品种、规格等方面不符合合同规定的要求，又未根据正当的保证条款予以弥补，说明商品所有权上的主要风险和报酬并未转移，此时不能确认收入，收入应递延到已满足买方要求且买方承诺付款时予以确认

C.卖方仅仅为了到期收回货款而保留商品的法定产权，则销售成立，相应的收入应予以确认

D.房地产企业将开发的房产出售后，保留了对该房产的物业管理权，因企业对售出的商品保留了继续管理权，则房产销售不成立

14.下列项目中，按照现行企业会计准则的规定，销售企业应当作为财务费用处理的是（　　）。

A.购货方获得的现金折扣　　　　　　B.购货方获得的商业折扣

C.购货方获得的销售折让　　　　　　D.购货方放弃的现金折扣

15.下列各项中，应列为管理费用处理的是（　　）。

A.自然灾害造成的流动资产净损失　　B.退休人员的工资

C.固定资产盘盈净收益　　　　　　　D.专设销售机构人员的工资

16.若企业在出售商品时，附有退货条款，但无法确定其退货的可能性，其销售收入应在（　　）时确认。

A.发出商品　　　　B.签订合同　　　　C.收到货款　　　　D.退货期满

17.按照企业会计准则的规定，销货企业所发生的现金折扣应（　　）。

A.增加财务费用　　B.冲减财务费用　　C.增加销售成本　　D.冲减销售成本

18.某企业采用现金折扣方式销售商品一批，售价为50 000元，增值税税率为17%，付款条件是"2/10，1/20，N/30"，购货单位第35天付款可享受的现金折扣为（　　）元。

A.200　　　　　　　B.100　　　　　　　C.0　　　　　　　D.300

19.采用预收款方式销售商品，商品销售收入确认的时间是（　　）。

A.发出商品时　　　　　　　　　　　B.收到第一笔款项时

C.收到50%款项时　　　　　　　　　D.签订销售合同时

20.下列各项中，属于营业收入的是（　　）。

A.无形资产使用权转让收入　　　　　B.无形资产所有权转让收入

C.出售股票收入　　　　　　　　　　D.接受捐赠收入

二、多项选择题

1.下列项目中，不应确认为收入的有（　　）。

A.销售商品收取的增值税　　　　　　B.出售飞机票时代收的保险费

C.销售商品的价款　　　　　　　　　D.销售商品代垫的运杂费

2.下列各项费用中应计入企业销售费用的有（　　　）。

A.业务招待费　　　　　B.广告费　　　　　C.展览费　　　　　D.无形资产摊销

3.企业日常经营活动中取得的收入包括（　　　）。

A.销售商品的收入　　　　　　　　　　B.提供劳务的收入

C.他人使用本企业资产的收入　　　　　D.出售固定资产的收入

4.下列有关成本费用的表述中，正确的有（　　　）。

A.费用最终会减少所有者权益

B.费用应当按照配比原则确认

C.费用最终会导致企业经济资源的流出

D.作为制造费用处理的，期末分配计入产品制造成本

5.收入是指企业在（　　　）等活动中形成的经济利益的总流入。

A.销售商品　　　　　　　　　　　　B.提供劳务

C.让渡资产使用权　　　　　　　　　D.所有者投入资本

6.工业企业取得的下列款项中，符合"收入"会计要素定义的有（　　　）。

A.出租固定资产收取的租金　　　　　B.提供劳务收取的价款

C.出售原材料收取的价款　　　　　　D.出售自制半成品收取的价款

7.下列费用中属于工业企业的期间费用的是（　　　）。

A.进货费用　　　　　B.制造费用　　　　　C.管理费用　　　　　D.销售费用

8.下列关于现金折扣会计处理的表述中，正确的有（　　　）。

A.销售企业在确认销售收入时将现金折扣抵减收入

B.销售企业在取得价款时将实际发生的现金折扣计入财务费用

C.购买企业在购入商品时将现金折扣直接抵减应确认的应付账款

D.购买企业在偿付应付账款时将实际发生的现金折扣冲减财务费用

9.在采用完工百分比法确认劳务收入时，确定劳务完工进度的方法有（　　　）。

A.已完工作的测量

B.已经提供的劳务占应提供劳务总量的比例

C.已经发生的成本占估计总成本的比例

D.已经确认的收入占总收入的比例

10.企业在结转已经发出、但尚未确认销售收入的商品成本时，可能涉及的会计科目有（　　　）。

A.库存商品　　　　　B.在途物资　　　　　C.发出商品　　　　　D.主营业务成本

11.按照我国企业会计准则的规定，下列项目中不应确认为收入的有（　　　）。

A.销售商品收取的增值税　　　　　　B.出售飞机票时代收的保险费

C.旅行社代客户购买景点门票收取的款项　　D.销售商品代垫的运杂费

E.出售固定资产收取的价款

12.下列交易事项中，确认营业收入的时点正确的有（　　　）。

A.委托代销商品方式下，收到代销清单时

B.分期收款销售方式下，分期收到价款时

C.附有销售退回条件的商品销售，在不能确定退货的可能性时应于退货期满时

D.需要安装和检验的商品销售，且安装和检验属于销售的重要组成部分，安装、检验完成时

E.采用托收承付结算方式销售商品，商品发出并办妥托收手续时

13.收入的特征表现为（　　　）。

A.收入从企业的日常经营活动中产生　　　B.收入可能表现为资产的增加

C.收入导致所有者权益的增加　　　　　　D.从偶发的交易或事项中产生

E.只包括本企业经济利益的流入

14.下列有关收入确认的表述中，不正确的有（　　　）。

A.附有商品退回条件的商品销售在退货期满时确认收入

B.提供劳务交易结果不能可靠估计的按完工百分比法

C.提供劳务交易结果能够可靠估计的不能按完工百分比法

D.分期收款销售应当在分期收到价款时确认收入

E.采用收取手续费方式委托代销商品，应于受托方出售商品时确认收入

15.下列交易和事项中，不能确认营业收入的有（　　　）。

A.预收客户账款　　　　　　　　　　　B.订货销售收到的部分订货款

C.委托代销商品收到代销清单　　　　　D.发出委托代销商品

E.已收取部分货款但余款收取无把握

16.提供劳务交易结果能够可靠估计，应满足的条件包括（　　　）。

A.劳务合同的款项已经收到　　　　　　B.劳务的完成程度能够可靠确定

C.收入和成本能够可靠计量　　　　　　D.与交易相关的经济利益能够流入企业

E.劳务成本已经发生

17.下列各科目中，能够反映已经发出但尚未确认销售收入的商品成本的有（　　　）。

A.库存商品　　　　　B.发出商品　　　　　C.委托代销商品　　　D.加工中商品

18.属于管理费用项目开支的有（　　　）。

A.厂部管理人员工资及福利费　　　　　B.在建工程人员的工资及福利费

C.工会经费　　　　　　　　　　　　　D.技术转让费

E.业务招待费

19.财务费用的核算内容包括（　　　）。

A.汇兑损失　　　　　　　B.利息支出　　　　　　　C.诉讼费

D.商业折扣　　　　　　　E.金融机构手续费

20.下列科目中，属于期间费用的是（　　　）。

A.管理费用　　　　　B.制造费用　　　　　C.财务费用　　　　　D.销售费用

三、判断题

1.企业只要将商品所有权上的主要风险和报酬转移给了购货方，就可以确认收入。

（　　　）

2.以旧换新销售商品时，销售的商品应按新旧商品的市场价格的差额确认收入。

（　　　）

3.收入是从日常生产经营活动中而不是从偶发的交易或事项中产生的。　（　　　）

4.企业在销售商品时，如果估计价款收回的可能性不大，即使收入确认的其他条件均

已满足，也不应确认收入实现。 （　　）

5.与同一项销售有关的收入，其成本不一定在同一会计期间予以确认。 （　　）

6.收入是企业各项活动形成的经济利益流入。 （　　）

7.企业采用委托代销方式销售商品，均应于收到代销清单时确认销售收入。 （　　）

8.有确凿证据表明售后回购交易满足销售商品收入确认条件的，销售的商品按售价确认收入，回购的商品作为购进商品处理。 （　　）

9.收入既包括企业自身活动获得的经济利益流入，也包括企业的所有者向企业投入资本导致的经济利益流入。 （　　）

10.销售收入一经确认后，发生的现金折扣和销售折让，均应在实际发生时计入当期财务费用。 （　　）

11.企业根据销货合同规定预收货款时，不能确认收入，只有待向购货方交付所购商品时，才能按实际交付的商品价值确认销售收入。 （　　）

12.企业采用分期收款方式销售商品时，应当于收到购货方支付的分期账款时确认销售收入。 （　　）

13.在分期收款销售方式下，销货方应当于商品交付购货方时，按照从购货方已收或应收的合同或协议价款确认收入，但已收或应收的合同或协议价款不公允的除外。 （　　）

14.在对销售收入进行计量时应不考虑预计可能发生的现金折扣和销售折让，现金折扣和销售折让实际发生时才能考虑。 （　　）

15.在采用交款提货销售方式时，如货款已收，发票和提货单已交购货方，无论商品是否发出，都作为收入的实现。 （　　）

16.不符合商品销售收入确认条件但商品已经发出的情况下，企业不需进行账务处理，只需在备查账簿中进行登记。 （　　）

17.收入是从日常生产经营活动中而不是从偶发的交易或事项中产生的。 （　　）

18.收入既包括本企业经济利益的流入，也包括为第三方代收的款项。 （　　）

19.企业销售机构人员工资应计入管理费用。 （　　）

20.企业为组织生产经营活动而发生的一切管理活动的费用，包括车间管理费用和企业管理费用，都应作为期间费用处理。 （　　）

四、业务核算题

【业务核算题1】

甲企业在2017年11月1日销售商品一批给乙企业，增值税专用发票上注明的售价为100 000元，增值税为17 000元。企业为了及早收回货款而在合同中规定的现金折扣条件为"2/10，1/20，N/30"（计算折扣时不考虑增值税）。

要求：

（1）假设甲企业于11月9日收到款项，请编制甲企业相关销售业务的会计分录。

（2）假设甲企业于11月19日收到款项，请编制甲企业相关销售业务的会计分录。

（3）假设甲企业于12月1日收到款项，请编制甲企业相关销售业务的会计分录。

【业务核算题2】

甲公司于2017年9月10日为客户研制一套管理用软件，工期为半年，合同总收入为500 000元。至2017年12月31日已发生成本300 000元（假设全部用银行存款支付），预计完成该项目的总成本为 350 000 元。2017 年 12 月 31 日经专业人员测量，该工程已完成 80%。甲公司在开工时预收账款 250 000 元。假设不考虑相关税费。

要求：

（1）计算甲公司 2017 年度应确认的收入和费用；

（2）编制有关会计分录。

【业务核算题 3】

甲公司发生下列经济业务：

（1）采用商业汇票结算方式销售 A 产品一批，销售收入 5 000 000 元，增值税税率为 17%，开出增值税专用发票，并已收到承兑的商业汇票。该批 A 产品实际成本为 1 000 000 元。

（2）采用支票结算方式销售原材料一批，价款 100 000 元（不含增值税），实际成本 60 000 元，适用的增值税税率为 17%，已开具增值税专用发票，全部款项已存入银行。

（3）转让一项技术专利使用权，取得转让收入 100 000 元，款项已存入银行，开具的增值税专用发票注明的增值税为 6 000 元，同时以现金支付该项技术使用权的咨询费 1 500 元。

（4）甲企业 2016 年 12 月 18 日销售 A 产品一批，售价为 50 000 元，增值税为 8 500 元，成本为 26 000 元，合同规定现金折扣条件为 "2/10，1/20，N/30"（计算折扣时不考虑增值税）；买方于 12 月 27 日付款，享受现金折扣 1 000 元。2017 年 5 月 20 日该批产品因质量不合格被退回。

要求：编制有关会计分录。

【业务核算题 4】

某工业企业销售一批产品，采用分期收款结算方式，全部价款为 20 万元（不含税），增值税税率为 17%，成本价为 18 万元，分 3 期收款。按合同约定第 1 期收取款项的 40%，以后 2 期各收款 30%，产品已发出。

要求：编制发出产品和收回第 1 期款项的分录。

【业务核算题 5】

甲公司委托乙公司代销一批商品，商品协议价为 200 000 元，增值税为 34 000 元，成本为 150 000 元。乙公司取得代销商品后，无论是否卖出、是否获利，均与甲公司无关。乙公司将该批商品按 230 000 元价格售出，收取增值税 39 100 元，并按协议价给甲公司开来代销清单。

要求：分别编制甲公司和乙公司的有关会计分录。

【业务核算题 6】

甲公司委托乙公司代销一批商品，商品售价 40 000 元，增值税 6 800 元，成本 30 000 元，乙公司按商品售价（不含税）的 8% 收取手续费。乙公司将商品售出，并给甲公司开来代销清单。

要求：分别编制甲公司和乙公司的有关会计分录。

【业务核算题 7】

甲公司于 2017 年 4 月 1 日与乙公司签订协议，向乙公司销售一批商品，商品实际成本为 500 000 元，增值税专用发票上注明的售价为 600 000 元，增值税为 102 000 元。协议规定，甲公司应于2019年9月1日将所售商品回购，回购价为620 000元（不含增值税税额）。甲公司商品已发运，货款已收到。

要求：编制甲公司的有关会计分录。

【业务核算题8】

甲公司2017年12月5日销售一批商品，成本为1 200 000元，增值税专用发票上注明的价款为1 600 000元，增值税为272 000元。合同规定的现金折扣条件为"2/15，N/30"（计算折扣时不考虑增值税）。买方于12月18日付款。

要求：编制有关会计分录。

【业务核算题9】

甲公司A产品单价为200元（成本为160元）。乙公司一次购买A产品1 000件，根据规定的折扣条件，可得到10%的商业折扣。甲公司为一般纳税人，按合同规定采用托收承付结算方式结算。

要求：编制甲公司的有关会计分录。

【业务核算题10】

甲公司上月销售商品一批，增值税专用发票上注明的价款为100 000元，增值税为17 000元，货到后买方发现商品质量有问题，经与买方协商同意给予10%的折让。该批商品的成本为70 000元。购货方按合同规定采用托收承付结算方式结算。

要求：编制有关会计分录。

【业务核算题11】

甲公司月末分配销售人员工资50 000元，职工福利费7 000元。

要求：编制有关会计分录。

【业务核算题12】

甲公司发生广告费30 000元，收到的增值税专用发票注明的增值税为1 800元，款项未付。

要求：编制有关会计分录。

【业务核算题13】

甲公司按工资总额的一定比例计提工会经费4 000元，计提职工教育经费5 000元。

要求：编制有关会计分录。

【业务核算题14】

甲公司分配行政管理人员的工资40 000元，职工福利费5 600元。

要求：编制有关会计分录。

【业务核算题15】

甲公司计算应交房产税9 000元、车船税6 000元。

要求：编制有关会计分录。

【业务核算题16】

甲公司以银行存款支付办理银行承兑汇票的手续费2 000元。

要求：编制有关会计分录。

五、实训题

某企业为增值税一般纳税人，适用的增值税税率为17%，2017年度发生下列经济业务：

（1）销售一批产品给 A 企业，产品的销售价格为 10 000 元（不含增值税，下同），增值税为 1 700 元。产品已经发出，并收到 A 企业开来的、承兑期为 3 个月的商业承兑汇票。该批商品的实际成本为 7 000 元，适用的消费税税率为 5%。该商品销售符合收入确认的条件。

（2）采用托收承付方式向 B 企业销售产品一批，价款为 125 000 元，增值税为 21 250 元，用银行存款代垫运杂费 500 元，已办妥托收手续。

（3）销售给 C 企业产品一批，价款 800 000 元，开出增值税专用发票，并将提货单交予 C 企业，货款已收到。由于 C 企业仓库紧张，甲企业同意 C 企业 1 个月后提货。该批产品的成本为 500 000 元。

（4）销售一批产品给 D 公司，价款为 100 000 元，产品已发出，增值税专用发票也已开出，货款未收回。为保证收回货款，合同规定，在收回货款前，本企业仍保留售出商品的法定所有权。该批商品的成本为 70 000 元。2 个月后，D 公司承诺付款，后款项收到。

（5）销售一批产品给 D 公司，售价为 200 000 元，实际成本为 160 000 元，增值税专用发票已开出，商品也已经发出，货款（不含税）已经收到 40%。合同约定该产品的安装由销售方负责，并且该产品的安装属于销售重要组成部分。预计安装任务于次年 1 月完成。

（6）采用分期收款方式销售给 B 企业产品一批，售价为 300 000 元，增值税为 51 000 元。合同约定款项分两次收回，第一次在成交时收回总款项的 40%，其余款项在 2 个月后收回。该产品成本为 250 000 元。

（7）预收 D 公司货款 10 000 元存入银行。10 日后，发出商品，增值税专用发票注明：价款 12 000 元，增值税 2 040 元。5 日后收到 D 公司补付的货款。

（8）销售产品一批给 A 企业，售价为 10 000 元，增值税税率为 17%，成本为 7 000 元。增值税专用发票已开出，货款尚未收到。因是新产品，合同规定给 A 企业 15 天的试用期。15 天后，A 企业退货 20%，且退回的产品已入库。

实训要求：根据以上经济业务编制会计分录。

第14章 利 润

内容结构图

本章内容结构图如图14-1所示。

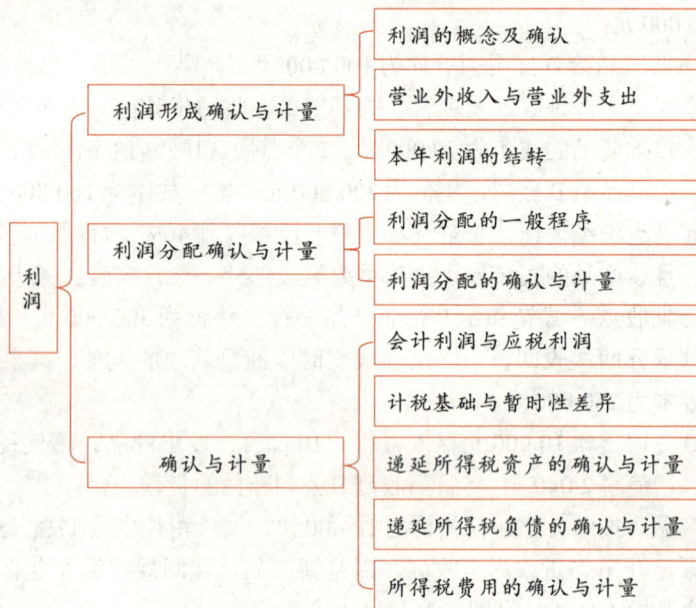

```
                                    ┌─────────────────────┐
                                    │ 利润的概念及确认      │
                        ┌───────────┼─────────────────────┤
          利润形成确认与计量 ├───────────┤ 营业外收入与营业外支出 │
                        │           ├─────────────────────┤
                        │           │ 本年利润的结转        │
                        │           └─────────────────────┘
                        │           ┌─────────────────────┐
                        │           │ 利润分配的一般程序     │
          利润分配确认与计量 ├───────────┼─────────────────────┤
  利                     │           │ 利润分配的确认与计量   │
  润                     │           └─────────────────────┘
                        │           ┌─────────────────────┐
                        │           │ 会计利润与应税利润     │
                        │           ├─────────────────────┤
                        │           │ 计税基础与暂时性差异   │
                        │           ├─────────────────────┤
          确认与计量      ├───────────┤ 递延所得税资产的确认与计量 │
                        │           ├─────────────────────┤
                        │           │ 递延所得税负债的确认与计量 │
                        │           ├─────────────────────┤
                        │           │ 所得税费用的确认与计量 │
                        │           └─────────────────────┘
```

图14-1 本章内容结构图

预习要览

本章重点与难点

1. 营业利润、利润总额、净利润的计算；

2. 利润形成、利润分配的会计核算；

3. 资产、负债的计税基础的计算；

4. 应纳税暂时性差异、可抵扣暂时性差异的计算；

5. 递延所得税资产、递延所得税负债的计算；

6. 资产负债表债务法的会计核算。

主要概念

利润 净利润 资产的计税基础 负债的计税基础 应纳税暂时性差异 可抵扣暂时性差异 当期所得税 递延所得税 资产负债表债务法

主要公式

1.利润的构成

（1）营业利润=营业收入-营业成本-税金及附加-销售费用-管理费用-财务费用-资产减值损失+公允价值变动收益（减：损失）+投资收益（减：损失）+资产处置收益（减：损失）+其他收益

（2）利润总额=营业利润+营业外收入-营业外支出

（3）净利润=利润总额-所得税费用

2.所得税费用确认

递延所得税资产=可抵扣暂时性差异×转回期间适用的所得税税率

递延所得税负债=应纳税暂时性差异×转回期间适用的所得税税率

当期所得税=当期应交所得税

$$递延所得税=\left(\begin{array}{c}期末递延\\所得税负债\end{array}-\begin{array}{c}期初递延\\所得税负债\end{array}\right)-\left(\begin{array}{c}期末递延\\所得税资产\end{array}-\begin{array}{c}期初递延\\所得税资产\end{array}\right)$$

所得税费用=当期所得税+递延所得税

同步测试

理论题

一、单项选择题

1.计算利润总额的正确公式是（　　）。

A.营业利润-销售费用-管理费用-财务费用

B.营业利润+投资收益+营业外收入-营业外支出

C.营业利润+营业外收入-营业外支出

D.营业利润-资产减值损失+营业外收入-营业外支出

2.下列会计事项中，构成并影响当期营业利润的是（　　）。

A.购置固定资产价值10万元　　　　　B.报废设备一台，发生清理费用2.5万元

C.厂部使用的固定资产计提折旧5万元　D.对希望工程捐款支出2万元

3.某公司本会计期间的主营业务收入为1 700万元，主营业务成本为1 190万元，税金及附加为170万元，销售费用为110万元，管理费用为100万元，财务费用为19万元，营业外收入为16万元，营业外支出为25万元，其他业务收入为200万元，其他业务成本为100万元，应交所得税按利润总额的25%计算，其营业利润、利润总额、企业净利润分别为（　　）万元。

A.111、232、174　　B.211、202、151.5　　C.356、232、174　　D.111、202、151.5

4.某企业当期主营业务收入为324万元，主营业务成本为228万元，其他业务收入为56万元，其他业务成本为25万元，税金及附加为33万元，销售费用为32万元，管理费用为24万元，财务费用贷方余额为3万元，投资损失26万元，公允价值变动收益为38万元，资产减值损失为25万元，营业外支出为5万元，假定不考虑其他因素，则该企业当期的营业利润为（　　）万元。

A.63　　　　　　　B.94　　　　　　　C.41　　　　　　　D.28

5.下列各项中，不会影响营业利润金额增减变化的是（　　）。

A.资产减值损失　　　B.财务费用　　　　C.营业外收入　　　D.投资收益

6.当新投资者介入有限责任公司时，其出资额大于按约定比例计算的、在注册资本中所占的份额部分，应计入（　　　）。

A.实收资本　　　　　B.营业外收入　　　C.盈余公积　　　　D.资本公积

7.以下项目中，影响利润总额，但不影响营业利润的是（　　　）。

A.财务费用　　　　　B.营业外收入　　　C.投资收益　　　　D.所得税费用

8.下列各项中，不属于盈余公积用途的是（　　　）。

A.弥补亏损　　　　　B.转增资本　　　　C.职工个人福利　　D.发放股利

9.A公司年度正常生产经营过程中发生的下列事项中，不影响其年度利润表中营业利润的是（　　　）。

A.固定资产盘盈利得

B.期末计提带息应收票据利息

C.外币应收账款发生汇兑损失

D.有确凿证据表明存在某金融机构的款项无法收回

10.下列项目中，（　　　）不影响营业利润。

A.营业收入　　　　　B.营业成本　　　　C.管理费用　　　　D.所得税费用

11.下列项目中，（　　　）不属于营业外支出。

A.罚款支出　　　　　B.接受捐赠　　　　C.非常损失　　　　D.债务重组损失

12.下列项目中，（　　　）不属于营业外收入。

A.劳务收入　　　　　B.盘盈利得　　　　C.捐赠利得　　　　D.债务重组利得

13."本年利润"属于所有者权益类账户，经过处理后的最终结果是企业的（　　　）。

A.利润总额　　　　　　　　　　　　　B.净利润（或亏损）

C.营业利润（或亏损）　　　　　　　　D.主营业务利润（或亏损）

14.某企业在现金清查中盘盈500元，此500元应记入的会计科目为（　　　）。

A.投资收益　　　　　B.营业外支出　　　C.财务费用　　　　D.营业外收入

15.企业进行年终利润结转后，可能有余额的账户是（　　　）。

A.本年利润　　　　　　　　　　　　　B.利润分配———未分配利润

C.利润分配———盈余公积补亏　　　　D.利润分配———提取法定盈余公积

16.企业计税时归属于该项资产或负债的金额，即按照税法规定的一项资产或负债的金额是（　　　）。

A.计税基础　　　　　　　　　　　　　B.暂时性差异

C.可抵扣暂时性差异　　　　　　　　　D.应纳税暂时性差异

17.以下项目中，可用以弥补亏损的是（　　　）。

A.应交税费　　　　　B.短期借款　　　　C.盈余公积　　　　D.实收资本

18.下列项目中，不通过"利润分配"账户进行核算的内容包括（　　　）。

A.弥补以前年度亏损　　　　　　　　　B.提取盈余公积

C.计算应交所得税　　　　　　　　　　D.应分配给投资者利润

19.某企业本年度发生亏损100 000元，按规定可以用以后年度的税前利润弥补。该企业对此业务"利润分配"账户应进行的处理为（　　　）。

A.借：利润分配——应由以后年度利润弥补　　　　　　　　　　100 000

　　贷：利润分配——未分配利润　　　　　　　　　　　　　　　　　100 000

B.借：其他应收款　　　　　　　　　　　　　　　　　　　100 000

　　贷：利润分配——未分配利润　　　　　　　　　　　　　　　　　100 000

C.借：盈余公积　　　　　　　　　　　　　　　　　　　　100 000

　　贷：利润分配——未分配利润　　　　　　　　　　　　　　　　　100 000

D.不进行账务处理

20.根据规定，企业支付的税收滞纳金应记入（　　　）科目。

A.财务费用　　　　　　　B.其他业务成本　　　　C.营业外支出　　　　D.管理费用

二.多项选择题

1.下列各项中，按规定可以转增资本的有（　　　）。

A.资本公积　　　　　　　B.法定盈余公积　　　　C.住房公积金　　　　　D.未分配利润

2.下列项目中，可能产生可抵扣暂时性差异的有（　　　）。

A.存货　　　　　　　　　B.固定资产　　　　　　C.无形资产　　　　　　D.交易性金融资产

3.企业利润分配的去向有（　　　）。

A.弥补以前年度亏损　　　　　　　　　　　B.交纳所得税

C.提取盈余公积　　　　　　　　　　　　　D.向投资者分配利润

4.企业取得的下列各项收入中，应计入投资收益的有（　　　）。

A.公司债券的利息收入　　　　　　　　　　B.银行存款的利息收入

C.转让股票的净收益　　　　　　　　　　　D.国库券的利息收入

5.下列各项收入中，可增加企业营业利润的有（　　　）。

A.销售自制半成品的收入　　　　　　　　　B.销售原材料的收入

C.补贴收入　　　　　　　　　　　　　　　D.银行存款的利息收入

6.下列项目中，应记入"营业外收入"账户核算的有（　　　）。

A.非流动资产处置利得　　　　　　　　　　B.盘盈利得

C.债务重组利得　　　　　　　　　　　　　D.捐赠利得

7.下列项目中，应记入营业外支出的有（　　　）。

A.对外捐赠支出

B.处置固定资产净损失

C.违反经济合同的罚款支出

D.因债务人无力支付欠款而发生的应收账款损失

8.下列项目中，可以作为营业收入的是（　　　）。

A.出售产品取得的收入　　　　　　　　　　B.购买债券取得的利息收入

C.对外单位罚款所取得的收入　　　　　　　D.出售材料取得的收入

9.下列财产清查结果中，经批准后可列作营业外支出的有（　　　）。

A.责任事故造成的财产物资毁损　　　　　　B.固定资产盘亏净损失

C.自然灾害造成的流动资产损失　　　　　　D.因管理不善造成的流动资产损失

10.法定盈余公积主要用于（　　　）。

A.职工集体福利设施支出　　　　　　　　　B.弥补企业亏损

C.转增资本   D.职工困难补助

11.提取盈余公积将导致（   ）。

A.企业所有者权益总额不变   B.减少企业投资者可供分配利润

C.减少所有者权益   D.增加企业所有者权益

12.企业的留存收益包括（   ）

A.实收资本   B.资本公积   C.未分配利润   D.盈余公积

13.企业一定期间发生的下列损益项目中，构成利润总额的有（   ）。

A.税金及附加   B.公允价值变动净损益

C.营业外收入   D.营业外支出

14.企业一定期间发生的下列损益项目中，属于营业利润构成因素的有（   ）。

A.营业成本   B.资产减值损失

C.公允价值变动净损益   D.投资净损益

15.在下列情况下，将导致产生应纳税暂时性差异的有（   ）。

A.资产的账面价值大于其计税基础   B.资产的账面价值小于其计税基础

C.负债的账面价值大于其计税基础   D.负债的账面价值小于其计税基础

16.以下项目中，（   ）应列为营业外支出。

A.公益性捐赠支出   B.资产减值损失

C.违约罚金支出   D.固定资产盘亏净损失

17.企业支付税款滞纳金，涉及的会计科目有（   ）。

A.营业外支出   B.银行存款   C.财务费用   D.应付账款

18.企业资产或负债的账面价值与计税基础之间的差异叫暂时性差异，按其对未来期间计税金额的影响分为（   ）。

A.应纳税暂时性差异   B.可抵扣暂时性差异

C.递延所得税资产   D.递延所得税负债

19.现行会计制度规定，"所得税费用"账户应设置的明细账户有（   ）。

A.当期所得税费用   B.递延所得税费用

C.应交所得税费用   D.未交所得税费用

20.企业所得税费用核算涉及的账户有（   ）。

A.应交税费   B.所得税费用

C.递延所得税资产   D.递延所得税负债

三.判断题

1.利润是企业在日常活动中取得的经营成果，因此它不应包括企业在偶发事件中产生的利得和损失。   （   ）

2.营业外收入是指与企业生产经营无直接关系的各项收入，如罚款收入、投资收益等。   （   ）

3."本年利润"账户平时各月末有余额，但年终结转后无余额。   （   ）

4.所得税是企业的一项费用支出，而非利润分配。   （   ）

5.企业的利润总额一般包括营业利润、投资收益（减：损失）和营业外收支等部分。

（   ）

6.影响营业利润的收支项目必然会影响利润总额，但影响利润总额的收支项目不一定会影响营业利润。（　　）

7.营业利润是指营业收入扣减营业成本和税金及附加后的差额。（　　）

8.根据企业会计准则对利润的定义，利润不仅仅指营业利润，还包括营业外收入与营业外支出等内容。（　　）

9.因债权人原因而确实无法支付的应付账款，应当转入营业外收入。（　　）

10."本年利润"账户是将收入与费用进行配比的核心账户，它核算企业实现的净利润额。（　　）

11.企业取得的各项罚款收入列入其他业务成本。（　　）

12.企业确实无法收回的应收账款列入营业外支出。（　　）

13.由于会计准则与税法在确认收益、费用时的口径不同而引起的税前会计利润与纳税所得之间的差异，称为暂时性差异。（　　）

14.企业将根据应纳税暂时性差异计算的未来期间应交的所得税金额，确认为递延所得税负债。（　　）

15.应纳税暂时性差异是指在确定未来收回资产期间的应纳税所得额时，将导致产生可抵扣金额的差异。（　　）

16.资产的账面价值大于其计税基础时，产生应纳税暂时性差异。（　　）

17."所得税费用"账户是资产类账户，期末余额表示企业应交未交的所得税额。（　　）

18."利润分配——未分配利润"账户的年末余额为历年积存的未分配利润。（　　）

19.企业在弥补亏损和提取法定盈余公积前，一般不得分配利润。（　　）

20.资产的账面价值小于其计税基础时，产生可抵扣暂时性差异。（　　）

四、计算分析题

【计算分析题1】

某公司于2017年度税前会计利润为5 000 000元，所得税税率为25%。在该年度收支中，国库券利息收入为55 000元，因违法经营的罚款支出为5 000元。

要求：计算本年度的应纳税所得额和应交所得税（列出计算过程），并编制相应的会计分录。

【计算分析题2】

A公司2017年12月31日损益类账户余额见表14-1。

表14-1　　　　　　　　　　　损益账户余额表　　　　　　　　　　　单位：元

科目名称	借方余额	贷方余额
主营业务收入		35 000 000
其他业务收入		250 000
营业外收入		12 000
投资收益		200 000
主营业务成本	28 750 000	

科目名称	借方余额	贷方余额
税金及附加	116 875	
其他业务成本	165 225	
管理费用	1 560 000	
销售费用	738 800	
财务费用	156 000	
营业外支出	56 000	
所得税费用	1 293 303	

利润分配情况如下：

（1）按税后净利润的10%计提法定盈余公积。

（2）按税后净利润的5%计提任意盈余公积。

（3）向投资者分配现金利润1 800 000元。

要求：根据以上资料进行本年利润结转、利润分配以及净利润的年终结转，并编制有关会计分录。

【计算分析题3】某企业2017年度实现的收支总额见表14-2。

表14-2　　　　　　　　　　　相关资料表　　　　　　　　　　单位：元

科目名称	借方余额	贷方余额
主营业务收入		112 800 000
其他业务收入		28 200 000
营业外收入		5 640 000
投资收益		33 840 000
主营业务成本	75 200 000	
税金及附加	3 760 000	
其他业务成本	18 800 000	
管理费用	12 220 000	
销售费用	17 860 000	
财务费用	5 640 000	
营业外支出	16 920 000	
所得税费用	8 120 000	

该企业按10%提取法定盈余公积，2017年度向股东分配现金股利5 500 000元。

要求：

（1）将收支总额结转本年利润；

（2）结转净利润；

（3）提取法定盈余公积；

（4）分配现金股利；

（5）结转利润分配；

（6）计算利润表中的营业利润、利润总额和净利润项目。

【计算分析题 4】

某公司 2017 年度有关会计利润与应纳税所得额之间的差异情况如下：

（1）2017 年 1 月 1 日购入的 C 公司债券（该企业划分为交易性金融资产）的初始投资成本为 72 万元，至当年年末，其公允价值升至 96 万元。

（2）年末，因产品售后服务，该公司确认了 32 万元的预计负债。

除此之外，不存在其他差异。假设按税法规定计算的应纳税所得额为 256 万元。该公司适用的所得税税率为 25%，本期确认所得税费用前，"递延所得税资产"和"递延所得税负债"科目余额均为零。

要求：

（1）计算当期所得税、应纳税暂时性差异、可抵扣暂时性差异、递延所得税负债、递延所得税资产、递延所得税和所得税费用；

（2）编制确认所得税费用的会计分录。

【计算分析题 5】

2012 年 12 月 30 日，某企业交付使用一套环保设备，原值为 1 000 万元，预计使用 5 年，预计净残值为 5 万元，采用年限平均法计提折旧。税法规定，该设备的使用年限和净残值与会计规定相同，折旧方法可选用加速折旧法。该企业纳税申报时，按双倍余额递减法填报折旧费用。2014 年 12 月 31 日，该企业对该设备计提了 112.5 万元的减值准备。假设该企业 2012 年 12 月 31 日"递延所得税资产"和"递延所得税负债"科目余额均为零，未发生其他暂时性差异，2013 年至 2017 年应纳税所得额分别为 625 万元、800 万元、850 万元、880 万元和 900 万元，适用的所得税税率为 25%。

要求：

（1）编制所得税费用确认明细表；

（2）编制各年确认所得税费用的会计分录。

【计算分析题 6】

B 公司于 2011 年 12 月购入一台机器设备，成本为 210 万元，预计使用年限为 6 年，预计净残值为零。会计上按直线法计提折旧，因该设备符合税法规定的税收优惠条件，计税时可采用年数总和法计提折旧，假定税法规定的使用年限及净残值均与会计规定相同；该公司各会计期间均未对固定资产计提减值准备；适用的所得税税率为 25%。

要求：

（1）编制所得税费用确认明细表；

（2）编制各年确认所得税费用的会计分录。

【计算分析题 7】

2012 年 12 月 31 日购入价值 10 000 元的设备，预计使用年限为 5 年，无残值。采用直线法计提折旧，税法允许采用双倍余额递减法计提折旧，适用的所得税税率为 25%。假定 2013 年至 2017 年应纳税所得额均为 500 000 元，无其他纳税调整事项。

要求：编制各年确认所得税费用的会计分录。

【计算分析题8】

A公司2017年度利润表中利润总额为1 200万元，适用的所得税税率为25%。

2017年发生的有关交易和事项中，会计处理与税收处理存在的差别有：

（1）2017年1月2日开始计提折旧的一项固定资产，成本为600万元，预计使用年限为10年，净残值为零。会计处理按双倍余额递减法计提折旧，税法规定按直线法计提折旧。假定税法规定的使用年限及净残值与会计规定相同。

（2）向关联企业提供现金捐赠200万元。

（3）应付违反环保法规定罚款100万元。

（4）期末对持有的830万元的存货计提了30万元的存货跌价准备。

要求：编制确认所得税费用的会计分录。

五、实训题

【实训1】

某企业2017年年末有关账户余额见表14-3。

表14-3 有关账户余额 单位：万元

科目名称	借方余额	贷方余额
主营业务收入		5 000
其他业务收入		200
营业外收入		40
投资收益		30
公允价值变动损益	15	
主营业务成本	2 800	
税金及附加	50	
其他业务成本	100	
管理费用	120	
销售费用	30	
财务费用	25	
营业外支出	70	
资产减值损失	60	

适用的所得税税率为25%，无纳税暂时性差异。

实训要求：计算企业的营业利润、利润总额、所得税费用、净利润，进行利润形成会计核算。

【实训2】

甲企业2013年12月31日购入设备一台，原价42 000元，预计净残值为2 000元，会计上采用直线法计提折旧，折旧年限为4年，税法规定的折旧年限为2年，采用直线法计提折旧。假设其他因素不变，2014—2017年甲企业每年实现的税前会计利润均为200 000元，无其他纳税调整事项，适用的所得税税率为25%。

实训要求：进行甲企业2014—2017年所得税费用的相关会计处理。

第15章 财务报告

本章内容结构图如图15-1所示。

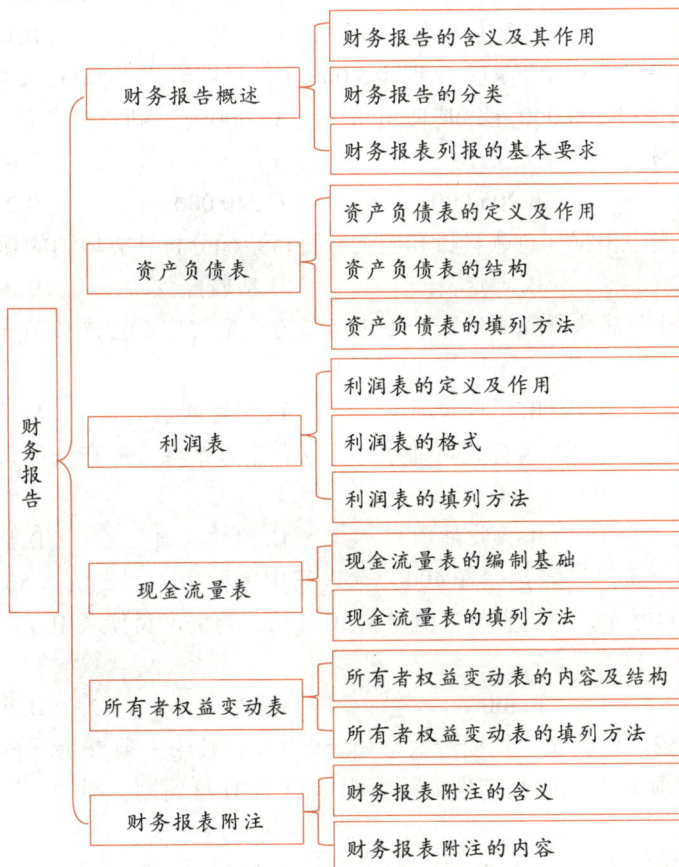

```
财务报告 ─┬─ 财务报告概述 ─┬─ 财务报告的含义及其作用
          │                ├─ 财务报告的分类
          │                └─ 财务报表列报的基本要求
          │
          ├─ 资产负债表 ─┬─ 资产负债表的定义及作用
          │              ├─ 资产负债表的结构
          │              └─ 资产负债表的填列方法
          │
          ├─ 利润表 ─┬─ 利润表的定义及作用
          │          ├─ 利润表的格式
          │          └─ 利润表的填列方法
          │
          ├─ 现金流量表 ─┬─ 现金流量表的编制基础
          │              └─ 现金流量表的填列方法
          │
          ├─ 所有者权益变动表 ─┬─ 所有者权益变动表的内容及结构
          │                    └─ 所有者权益变动表的填列方法
          │
          └─ 财务报表附注 ─┬─ 财务报表附注的含义
                           └─ 财务报表附注的内容
```

图15-1 本章内容结构图

本章重点与难点

1.财务报表列报的基本要求。

2.资产负债表的填列方法。

3.利润表的填列方法。

4.现金流量表的填列方法

5.财务报表附注的主要内容。

☞主要概念

资产负债表　利润表　现金流量表

同步测试

一、单项选择题

1.资产负债表中直接根据有关总账科目的余额填列的项目是（　　　）。

A.货币资金　　　　　B.短期借款　　　　　C.存货　　　　　D.固定资产

2.期末有关账户余额如下：库存现金5 000元，短期借款30 000元，银行存款200 000元，交易性金融资产100 000元，其他货币资金35 000元，则资产负债表中"货币资金"项目应填列的金额为（　　　）元。

A.340 000　　　　　B.205 000　　　　　C.240 000　　　　　D.270 000

3.资产负债表中根据其总账科目和明细账科目余额分析计算填列的项目是（　　　）。

A.存货　　　　　　B.固定资产　　　　　C.应收账款　　　　　D.长期借款

4."应收账款"账户所属明细账户期末有贷方余额，应在资产负债表（　　　）项目内填列。

A.应付账款　　　　B.预收款项　　　　　C.预付款项　　　　　D.应收账款

5."预付账款"账户所属有关明细账户期末有贷方余额，应在资产负债表（　　　）项目内填列。

A.应付账款　　　　B.预收款项　　　　　C.预付款项　　　　　D.应收账款

6.期末"固定资产"账户余额400万元（其中融资租入固定资产50万元），"累计折旧"账户余额100万元，固定资产减值准备10万元，则资产负债表中"固定资产"项目应填列金额为（　　　）万元。

A.240　　　　　　B.300　　　　　　C.340　　　　　　D.290

7.年末编制资产负债表，长期借款余额250万元，其中一项50万元的长期借款将于半年后到期，另一项40万元的长期借款将于明年11月31日到期，则"长期借款"项目应填列的金额为（　　　）万元。

A.250　　　　　　B.160　　　　　　C.200　　　　　　D.210

8.我国企业会计准则规定，利润表采用的格式是（　　　）。

A.单步式　　　B.单步式多步式均可　　　C.多步式　　　D.混合式

9.编制现金流量表时"支付其他与经营活动有关的现金"项目，不涉及的科目是（　　　）。

A.其他业务成本　　B.管理费用　　　　　C.库存现金　　　　　D.营业外支出

10.编制现金流量表时"分配股利、利润或偿付利息支付的现金"项目，不涉及的科目是（　　　）。

A.管理费用　　　　B.应付股利　　　　　C.应付利息　　　　　D.财务费用

二、多项选择题

1.财务报表是对企业财务状况、经营成果和现金流量的结构性表述，至少应当包括下列组成部分（　　　）。

A.资产负债表　　　　　　　B.利润表　　　　　　　　　C.现金流量表

D.所有者权益变动表　　　E.财务报表附注

2.下列属于中期财务报告的是（　　　）。

A.月报　　　　　　　B.季报　　　　　　　C.半年报　　　　　　D.年报

3.资产负债表中根据有关科目余额减去其备抵科目余额后的净额填列的有（　　　）。

A.应收账款　　　　　　　B.长期股权投资　　　　　　C.研发支出

D.无形资产　　　　　　　E.持有待售资产

4.资产负债表"货币资金"项目，反映企业（　　　）等的合计数。

A.库存现金　　　　　　　　　　　　B.银行结算户存款

C.外埠存款　　　　　　　　　　　　D.银行汇票存款、银行本票存款

E.信用卡存款、信用证保证金存款

5.年度内编制资产负债表"未分配利润"项目，涉及的账户余额有（　　　）。

A.本年利润　　　　B.资本公积　　　　C.盈余公积　　　　D.利润分配

6.利润表中"营业成本"项目，反映企业经营业务发生的实际成本。本项目应根据（　　　）账户的发生额分析填列。

A.生产成本　　　　B.制造费用　　　　C.主营业务成本　　　D.其他业务成本

7.利润表中"资产处置收益"项目包括（　　　）。

A.出售划分为持有待售的非流动资产（包括金融工具、长期股权投资和投资性房地产）或处置组时确认的处置利得或损失

B.处置未划分为持有待售的固定资产、在建工程、生产性生物资产及无形资产而产生的处置利得或损失

C.债务重组中因处置非流动资产产生的利得或损失

D.资产盘盈盘亏利得或损失

8.编制现金流量表中所指的"投资活动"包括（　　　）。

A.接受投资　　　　　　　　　　　　B.对外投资

C.长期资产的购建与处置　　　　　　D.收回投资

E.购买和处置无形资产

9.编制现金流量表中所指的"筹资活动"包括（　　　）。

A.发行股票　　　　　　　　　　　　B.分派现金股利

C.取得和偿还银行借款　　　　　　　D.发行和偿还公司债券

10.编制现金流量表时，"销售商品、提供劳务收到的现金"项目，包括的内容有（　　　）。

A.当期销售商品、提供劳务收到的现金　B.当期收回前期的应收账款和应收票据

C.当期预收的款项　　　　　　　　　　D.当期销售退回支付的现金

E.当期收回前期核销的坏账损失

三、判断题

1.财务报告，是指企业采用货币量度，全面、总括地对外提供的反映企业某一特定日

期的财务状况、经营成果、现金流量等会计信息的文件。　　　　　　　（　　）

2.个别财务报告是由企业在自身会计核算基础上对账簿记录进行加工而编制的财务报告,它主要用以反映企业自身的财务状况、经营成果和现金流量情况。　　　　（　　）

3.资产负债表是反映企业在某一特定期间财务状况的财务报表。　　　　　（　　）

4.资产负债表中"应收票据"项目,反映企业收到的未到期收款及已向银行贴现但尚未到期的应收票据金额。　　　　　　　　　　　　　　　　　　　　　　（　　）

5.资产负债表中"应收股利"项目,反映企业因股权投资而应收取的现金股利,企业应收其他单位的利润,也包括在本项目内。　　　　　　　　　　　　　　　（　　）

6.资产负债表中"一年内到期的非流动负债"项目,根据非流动负债各账户中分析确定的将在一年内（含一年）到期的金额之和填列。　　　　　　　　　　　（　　）

7.利润表是反映企业在一定日期的经营成果的财务报表。　　　　　　　　（　　）

8.利润表相关项目根据有关损益类账户余额分析填列。　　　　　　　　　（　　）

9.现金流量表补充资料应采用直接法反映经营活动产生的现金流量。　　　（　　）

10.所有者权益变动表中"所有者投入的普通股"项目,只反映企业接受普通股投资者投入形成的实收资本（或股本）。　　　　　　　　　　　　　　　　　（　　）

四、实训题

【实训1】

目的:熟练掌握资产负债表的编制。

资料:无锡海华股份有限公司2017年12月31日有关账户余额见表15-1。

表15-1　　　　　　　　　　**2017年12月31日有关账户余额**　　　　　　金额单位:万元

资产类				负债及所有者权益类			
总账账户	余额	明细账户	余额	总账账户	余额	明细账户	余额
库存现金	2			短期借款	30		
银行存款	50			应付票据	58		
其他货币资金	10			应付账款	210	E企业	220（贷方）
应收票据	20					F企业	10（借方）
应收账款	160	A企业	180（借方）	预收账款	68	G企业	70（贷方）
		B企业	20（贷方）			H企业	2（借方）
坏账准备	3（贷方）			应付职工薪酬	60		
预付账款	18	C企业	22（借方）	应交税费	33		
		D企业	4（贷方）	应付利息	26		
其他应收款	3			应付股利	12		
原材料	120			其他应付款	5		
生产成本	30			长期借款	280	其中80万元将于一年内到期	
库存商品	200			应付债券	60		
材料成本差异	12			长期应付款	20		
存货跌价准备	2（贷方）			递延所得税负债	3		
持有至到期投资	30			实收资本	1 092		
长期应收款	25			资本公积	55		

总账账户	余额	明细账户	余额	总账账户	余额	明细账户	余额
长期股权投资	280			盈余公积	80		
长期股权投资减值准备	10（贷方）			利润分配	25	未分配利润	25
固定资产	1000						
累计折旧	270						
固定资产减值准备	32						
在建工程	350						
工程物资	70						
长期待摊费用	46						
递延所得税资产	8						

要求：根据上述资料编制2017年12月31日的资产负债表（见表15-2）。（年初余额略）

表15-2 　　　　　　　　　　　资产负债表　　　　　　　　　　　会企01表

编制单位：　　　　　　　　　　　年 月 日　　　　　　　　　　　单位：万元

资产	期末余额	年初余额	负债和所有者权益（或股东权益）	期末余额	年初余额
流动资产：			流动负债：		
货币资金			短期借款		
以公允价值计量且其变动计入当期损益的金融资产			以公允价值计量且其变动计入当期损益的金融负债		
衍生金融资产			衍生金融负债		
应收票据			应付票据		
应收账款			应付账款		
预付款项			预收款项		
应收利息			应付职工薪酬		
应收股利			应交税费		
其他应收款			应付利息		
存货			应付股利		
持有待售资产			其他应付款		
一年内到期的非流动资产			持有待售负债		
其他流动资产			一年内到期的非流动负债		
流动资产合计			其他流动负债		
非流动资产：			流动负债合计		
可供出售金融资产			非流动负债：		
持有至到期投资			长期借款		
长期应收款			应付债券		
长期股权投资			长期应付款		
投资性房地产			专项应付款		
固定资产			预计负债		
在建工程			递延收益		
工程物资			递延所得税负债		

续表

资产	期末余额	年初余额	负债和所有者权益(或股东权益)	期末余额	年初余额
固定资产清理			其他非流动负债		
生产性生物资产			非流动负债合计		
油气资产			负债合计		
无形资产			所有者权益(或股东权益):		
开发支出			实收资本(或股本)		
商誉			其他权益工具		
长期待摊费用			资本公积		
递延所得税资产			减:库存股		
其他非流动资产			其他综合收益		
非流动资产合计			盈余公积		
			未分配利润		
			所有者权益(或股东权益)合计		
资产总计			负债和所有者权益(或股东权益)总计		

【实训2】

目的:熟练掌握利润表的编制。

资料:无锡海华股份有限公司2017年度有关损益类账户发生额见表15-3。

表15-3　　　　　　　　2017年度有关损益类账户发生额　　　　　　　单位:万元

账户名称	借方发生额	贷方发生额
主营业务收入		2 800
其他业务收入		200
主营业务成本	1 900	
其他业务成本	150	
税金及附加	52	
销售费用	27	
管理费用	10	
财务费用	5	
资产减值损失	5	
公允价值变动损益	2	
投资收益		27
资产处置损益	4	
营业外收入		24
营业外支出	18	

假定没有纳税调整项目。

要求:根据上述资料编制2017年度利润表(见表15-4)。(上期金额略)

表 15-4　　　　　　　　　　　　　　　利润表　　　　　　　　　　　　会企 02 表

编制单位：　　　　　　　　　　　　2017 年度　　　　　　　　　　　单位：万元

项　目	本期金额	上期金额
一、营业收入		
减：营业成本		
税金及附加		
销售费用		
管理费用		
财务费用		
资产减值损失		
加：公允价值变动收益（损失以"–"号填列）		
投资收益（损失以"–"号填列）		
其中：对联营企业和合营企业的投资收益		
资产处置收益（损失以"–"号填列）		
其他收益		
二、营业利润（亏损以"–"号填列）		
加：营业外收入		
减：营业外支出		
三、利润总额（亏损总额以"–"号填列）		
减：所得税费用		
四、净利润（净亏损以"–"号填列）		
（一）持续经营净利润（净亏损以"–"号填列）		
（二）终止经营净利润（净亏损以"–"号填列）		
五、其他综合收益的税后净额		
（一）以后不能重分类进损益的其他综合收益		
1.重新计量设定受益计划净负债或净资产的变动		
2.权益法下在被投资单位不能重分类进损益的其他综合收益中享有的份额		
⋮		
（二）以后将重分类进损益的其他综合收益		
1.权益法下在被投资单位以后将重分类进损益的其他综合收益中享有的份额		
2.可供出售金融资产公允价值变动损益		
3.持有至到期投资重分类为可供出售金融资产损益		
4.现金流量套期损益的有效部分		
5.外币财务报表折算差额		
⋮		
六、综合收益总额		
七、每股收益		
（一）基本每股收益		
（二）稀释每股收益		

第16章 债务重组

本章内容结构图如图16-1所示。

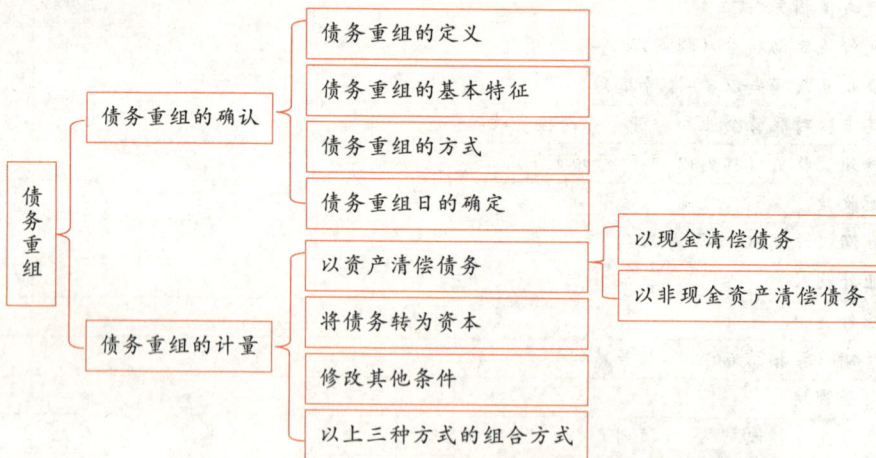

图16-1 本章内容结构图

预习要览

本章重点与难点

1.债务重组的定义和方式，债务重组日的理解；
2.在不同债务重组方式下债务人的账务处理；
3.在不同债务重组方式下债权人的账务处理。

主要概念

债务重组　债务人发生财务困难　债权人作出让步　以资产清偿债务　将债务转为资本　修改其他债务条件

同步测试

一、单项选择题

1.在债务人发生财务困难的情况下，下列属于债务重组的是（　　　）。

A.债务人破产清算时发生的债务重组

B.修改债务条件，如减少债务本金和债务利息

C.债务人借新债偿旧债

D.债务人改组，债权人将债权转为对债务人的股权投资

2.甲公司2017年1月1日销售给乙企业一批商品，价税合计117 000元。协议规定乙公司于2017年6月30日支付全部货款。2017年6月30日，由于乙公司经营困难，无法支付全部的货款，双方协商进行债务重组。下列情况下不符合债务重组定义的是（　　）。

A.甲公司同意乙公司以一台设备偿还全部债务的80%，剩余的债务不再要求偿还

B.甲公司同意乙公司以100 000元偿付全部的债务

C.甲公司同意乙公司以一批存货偿还全部债务，该存货的公允价值为90 000元

D.甲公司同意乙公司延期至2017年12月31日支付全部的债务并加收利息，但不减少其偿还的金额

3.某股份有限公司清偿债务的下列方式中，属于债务重组的是（　　）。

A.根据转换协议将应付可转换公司债券转为资本

B.以公允价值高于债务金额的非现金资产清偿

C.债权人延长债务偿还期限并在展期收取比原利率低的利息

D.以低于债务账面价值的银行存款清偿

4.甲公司欠乙公司600万元货款，到期日为2017年10月30日。甲公司因财务困难，经协商于2017年11月15日与乙公司签订债务重组协议，协议规定甲公司以价值550万元的商品抵偿欠乙公司上述全部债务。2017年11月20日，乙公司收到该商品并验收入库。2017年11月22日办理了有关债务解除手续。该债务重组的重组日为（　　）。

A.2017年10月30日　　　　　　　　　　B.2017年11月15日

C.2017年11月20日　　　　　　　　　　D.2017年11月22日

5.企业用于清偿债务的现金低于应付债务账面价值的，债权人实际收到的现金与应收债权账面价值的差额，应当计入（　　）。

A.盈余公积　　　　B.资本公积　　　　C.其他业务成本　　　　D.营业外支出

6.2017年1月1日，甲公司销售一批材料给乙公司，货款为100万元（含税价）。2017年7月1日，乙公司发生财务困难，无法按合同规定偿还该项债务。经双方协商，甲公司同意乙公司用其生产的产品偿还该笔货款。该产品的市价为80万元，适用的增值税税率为17%，产品成本为50万元，乙公司开具了增值税专用发票。甲公司将该产品作为原材料入库。假定甲公司未对该项应收账款计提坏账准备，也没有向乙公司另行支付增值税，则乙公司应当确认的债务重组利得为（　　）万元。

A.41.5　　　　　　　B.6.4　　　　　　　C.20　　　　　　　D.50

7.A、B公司均为增值税一般纳税人，增值税税率为17%。A公司销售给B公司一批库存商品，应收账款为含税价款550万元，款项尚未收到。到期时B公司无法按合同规定偿还债务，经双方协商，A公司同意B公司用存货抵偿该项债务，该产品公允价值为450万元（不含增值税），成本为300万元，已提减值准备22.5万元。假设A公司为该应收账款计提了30万元的坏账准备。则A公司冲减资产减值损失的金额为（　　）万元。

A.6.5　　　　　　　B.0　　　　　　　C.460.5　　　　　　　D.30

8.甲公司与乙公司均为增值税一般纳税人。因甲公司无法偿还到期债务，经协商，乙公司同意甲公司以库存商品偿还其所欠全部债务。债务重组日，重组债务的账面价值

为 2 000 万元；用于偿债商品的账面价值为 1 200 万元，公允价值为 1 400 万元，增值税税额为 238 万元。不考虑其他因素，该债务重组对甲公司利润总额的影响金额为 （   ）万元。

A.200   B.262   C.562   D.600

9.甲公司应付乙公司的购货款 2 000 万元（包含增值税）于 2017 年 6 月 20 日到期，甲公司无力按期支付。经与乙公司协商进行债务重组，甲公司以其生产的 200 件 A 产品抵偿该债务，在甲公司将抵债产品运抵乙公司并开具增值税专用发票后，原 2 000 万元债务结清。甲公司 A 产品的市场价格为每件 7 万元（不含增值税价格），成本为每件 4 万元。6 月30 日，甲公司将 A 产品运抵乙公司并开具增值税专用发票。甲、乙公司均为增值税一般纳税人，适用的增值税税率均为 17%。乙公司在该项交易前已就该债权计提 500 万元坏账准备。不考虑其他因素，下列关于该交易或事项的会计处理中，正确的是 （   ）。

A.甲公司应确认营业收入 1 400 万元

B.乙公司应确认债务重组损失 600 万元

C.乙公司应确认取得 A 商品成本 1 500 万元

D.甲公司应确认债务重组收益 1 200 万元

10.在以现金资产和非现金资产清偿某项债务的情况下，债务人扣除现金后的重组债务的账面价值与转让的非现金资产公允价值的差额应计入 （   ）。

A.营业外收入   B.资本公积   C.营业外支出   D.投资收益

11.甲公司因购货原因于 2018 年 1 月 1 日产生应付乙公司账款 100 万元，货款偿还期限为 3 个月。2018 年 4 月 1 日，甲公司发生财务困难，无法偿还到期债务，经与乙公司协商进行债务重组。双方同意：以甲公司的两辆小汽车抵偿债务。这两辆小汽车原值为 100 万元，已提累计折旧 20 万元，公允价值为 50 万元。假定上述资产均未计提减值准备，不考虑相关税费。则债务人甲公司计入资产处置损益和营业外收入的金额分别为 （   ）万元。

A.50，30   B.30，50   C.80，20   D.20，80

12.A 公司为增值税一般纳税人，增值税税率为 17%。2018 年 1 月，A 公司购入原材料一批，含税价款为 405 万元，货款未付。此后，由于 A 公司发生财务困难，无力支付货款，经协商 A 公司以一台机器设备抵偿债务。该设备账面原价为 450 万元，已提折旧 180 万元，公允价值为 300 万元，销项税额为 51 万元。该项债务重组影响 A 公司税前会计利润的金额为 （   ）万元。

A.84   B.105   C.30   D.135

13.以债权转为股权的，受让股权的入账价值为 （   ）。

A.应收债权账面价值   B.应付债务账面价值

C.股权的公允价值   D.股权份额

14.2018 年 3 月 15 日，甲股份有限公司因购买材料而欠乙企业购货款及税款合计为5 000 万元，由于甲公司无法偿付应付账款，经双方协商同意，甲公司以 1 600 万股普通股偿还债务（不考虑相关税费），普通股每股面值为 1 元，市场价格每股为 3 元。乙企业为该应收账款已提取坏账准备 300 万元。假定乙企业将债权转为股权后，长期股权投资按照成本法核算。甲公司应确认的债务重组利得为 （   ）万元。

A.100　　　　　　　B.800　　　　　　　C.600　　　　　　　D.200

15.甲公司持有乙公司的应收票据面值为30 000元，票据到期时，累计利息为1 000元，乙公司支付了利息，同时由于乙公司财务陷入困境，甲公司同意将乙公司的票据期限延长2年，并减少本金8 000元，则乙公司计入营业外收入的金额为（　　）元。

A.1 000　　　　　　B.8 000　　　　　　C.12 000　　　　　　D.0

16.在以现金、非现金资产和修改债务条件混合重组方式清偿债务的情况下，以下处理的先后顺序正确的是（　　）。

A.非现金资产方式、现金方式、修改债务条件

B.现金方式、非现金方式、修改债务条件

C.修改债务条件、非现金方式、现金方式

D.现金方式、修改债务条件、非现金资产方式

17.甲公司应收乙公司的账款3 000万元已逾期，经协商决定进行债务重组。债务重组内容是：（1）乙公司以银行存款偿付甲公司账款300万元；（2）乙公司以一项无形资产和一项固定资产偿付剩余债务。乙公司该项无形资产的账面价值为900万元，公允价值为1 050万元；固定资产的账面价值为1 050万元，公允价值为1 350万元。假定不考虑相关税费，甲公司为该项应收债权已计提坏账准备400万元。该债务重组业务对甲公司利润总额的影响为（　　）万元。

A.0　　　　　　　　B.400　　　　　　　C.300　　　　　　　D.100

18.M公司和N公司均系增值税一般纳税人，适用的增值税税率均为17%。M公司销售给N公司一批商品，价款为100万元，增值税税额为17万元，款项未收到。因N公司发生资金困难，已无力偿还M公司的全部款项，经协商，M公司同意货款中的20万元延期收回，不考虑货币时间价值，剩余款项N公司分别用一批材料和一项长期股权投资予以抵偿。已知，原材料的账面余额为25万元，已提跌价准备1万元，公允价值为30万元，长期股权投资账面余额为42.5万元，已提减值准备2.5万元，公允价值为45万元。对于上述债务重组，N公司应计入营业外收入的金额为（　　）万元。

A.16　　　　　　　　B.16.9　　　　　　　C.26.9　　　　　　　D.0

19.甲公司和乙公司均属于增值税一般纳税人，适用的增值税税率为17%，甲公司于2016年7月1日销售给乙公司一批笔记本电脑，含增值税的价款总额为80 000万元，乙公司于当日开出6个月承兑的不带息商业汇票。至2017年12月31日乙公司尚未支付货款。由于乙公司财务发生困难，短期内不能支付货款。2018年1月10日甲公司和乙公司签订协议，甲公司同意乙公司以其所拥有的丙公司股票和一批产品偿还债务，乙公司将持有的丙股票作为可供出售金融资产核算，该股票的账面价值为40 000万元（成本为41 000万元，公允价值变动为贷方余额1 000万元），债务重组日该股票的公允价值为39 000万元，乙公司用以抵债的产品的成本为20 000万元，公允价值和计税价格均为30 000万元，甲公司和乙公司已于2018年1月20日办理了相关转让手续，并于当日办理了债务解除手续。乙公司（债务人）因该债务重组业务影响利润总额的金额为（　　）万元。

A.14 000　　　　　　B.14 300　　　　　　C.5 900　　　　　　D.13 900

20.甲公司应收乙公司货款600万元，经磋商，双方同意按500万元结清该笔货款。甲公司已经为该笔应收账款计提了120万元的坏账准备，在债务重组日，该事项对甲公司和

乙公司的影响分别为（　　　）。

A.甲公司资产减值损失减少20万元，乙公司营业外收入增加100万元

B.甲公司营业外支出增加100万元，乙公司资本公积增加100万元

C.甲公司营业外支出增加100万元，乙公司营业外收入增加100万元

D.甲公司营业外支出增加100万元，乙公司营业外收入增加20万元

二、多项选择题

1.债务重组的主要方式包括（　　　）。

A.以现金资产清偿债务   B.将债务转为资本

C.修改其他债务条件   D.以非现金资产偿还债务

2.下列各项中，属于债务重组范围的有（　　　）。

A.银行免除某困难企业积欠贷款的利息，银行只收回本金

B.企业A同意企业B推迟偿还货款的期限，并减少B企业偿还货款的金额

C.银行同意降低某困难企业的贷款利率

D.银行同意债务人借新债偿旧债

3.债务人以现金清偿债务的情况下，债权人进行账务处理可能涉及的科目有（　　　）。

A.库存现金   B.营业外支出   C.营业外收入   D.资产减值损失

4.以固定资产抵偿债务进行债务重组时，对债务人而言，下列项目中不影响债务重组损益计算的有（　　　）。

A.固定资产的账面价值   B.固定资产的累计折旧

C.固定资产减值准备   D.固定资产的公允价值

5.以非货币性资产偿还债务的债务重组中，下列说法正确的有（　　　）。

A.债务人以存货偿还债务的，视同销售该存货，应按照其公允价值确认相应的收入，同时结转存货的成本

B.债务人以固定资产偿还债务的，固定资产公允价值与其账面价值之间的差额，计入投资损益

C.债务人以长期股权投资偿还债务的，长期股权投资公允价值与其账面价值之间的差额，计入营业外收入或营业外支出

D.债务人以无形资产偿还债务的，无形资产公允价值与其账面价值之间的差额，计入资产处置损益

6.下列有关债务重组时债务人会计处理的表述中，正确的有（　　　）。

A.以非现金资产清偿债务时，转让的非现金资产公允价值低于重组债务账面价值的差额计入资本公积

B.以非现金资产清偿债务时，转让的非现金资产公允价值低于重组债务账面价值的差额计入当期损益

C.以非现金资产清偿债务时，转让的非现金资产公允价值高于其账面价值之间的差额计入当期损益

D.以现金清偿债务时，债务人实际支付的现金低于债务账面价值的差额计入当期损益

7.在债务重组的会计处理中，以下表述不正确的有（　　　）。

A.债务人应确认债务重组收益

B.无论债权人或债务人，均不确认债务重组损失

C.债务人有可能会发生债务重组损失

D.用现金资产偿清债务时，债权人没有损失

8.以债务转为资本的方式进行债务重组时，以下处理方法正确的有（　　）。

A.债务人应将债权人因放弃债权而享有的股份面值总额确认为股本或实收资本

B.债务人应将股份公允价值总额与股本或实收资本之间的差额确认为资本公积

C.债权人应当将享有股份的公允价值确认为对债务人的投资

D.重组债务的账面价值与股权的公允价值之间的差额作为债务重组利得，计入当期损益

9.2018年3月1日，甲公司因发生财务困难无力偿还乙公司的1 200万元到期货款，双方协议进行债务重组。按债务重组协议规定，甲公司以其普通股偿还债务。假设普通股每股面值1元，甲公司用500万股普通股抵偿该项债务（不考虑相关税费），股权的公允价值为900万元。乙公司对应收账款计提了120万元的坏账准备。甲公司于4月1日办妥了增资批准手续，换发了新的营业执照，则下列表述正确的有（　　）。

A.债务重组日为2018年3月1日

B.甲公司记入"股本"的金额为500万元

C.甲公司记入"资本公积——股本溢价"的金额为400万元

D.甲公司记入"营业外收入"的金额为300万元

10.下列各项中，属于债务重组修改其他债务条件的方式一般有（　　）。

A.债务转为资本　　　　B.减少本金　　　　C.降低利率　　　　D.免除积欠利息

11.修改其他债务条件时，以下债权人可能产生债务重组损失的有（　　）。

A.无坏账准备时，债权人重组债权的账面余额大于将来应收金额

B.无坏账准备时，债权人重组债权的账面余额小于将来应收金额

C.有坏账准备时，债权人放弃的部分债权小于已经计提的坏账准备

D.有坏账准备时，债权人放弃的部分债权大于已经计提的坏账准备

三、判断题

1.债务重组方式包括以资产清偿债务、将债务转为资本、修改其他债务条件等，但以上三种方式的组合方式不属于准则规范的债务重组方式。　　　　　　　　　　（　　）

2.只要债权人对债务人的债务作出了让步，不管债务人是否发生财务困难，都属于准则所定义的债务重组。　　　　　　　　　　　　　　　　　　　　　　　　（　　）

3.债务重组中，债务人不会涉及"资本公积"科目。　　　　　　　　　　（　　）

4.债务重组中以现金清偿债务的，债权人应当将重组债权的账面余额与收到的现金之间的差额，计入营业外支出。　　　　　　　　　　　　　　　　　　　　　（　　）

5.债务人以其生产的产品抵偿债务的，应视同销售，要确认相应的收入，同时结转成本。　　　　　　　　　　　　　　　　　　　　　　　　　　　　　　　　（　　）

6.对于以非现金资产抵偿债务的债务重组，假定不考虑增值税等因素，则债务人的债务重组利得为重组债务与抵债资产账面价值的差额。　　　　　　　　　　（　　）

7.债务人在债务重组时以低于应付债务账面价值的现金清偿债务的，债权人实际收到的金额小于应收债权账面价值的差额，计入当期营业外支出。　　　　　　　（　　）

8.如果是以企业持有的投资偿还债务的,资产账面价值与公允价值的差额是计入投资收益核算的。　　　　　　　　　　　　　　　　　　　　　　　　　　　（　　）

9.将债务转为资本的,债务人应当将债权人放弃债权而享有股份的面值总额确认为股本（或者实收资本）,重组债务的账面价值与股份的公允价值总额之间的差额,计入营业外收支。　　　　　　　　　　　　　　　　　　　　　　　　　　　　　　（　　）

四、计算分析题

【计算分析题1】

2018年2月10日,甲公司销售一批商品给乙公司,不含税价格为100 000元,增值税税率为17%。当年3月20日,乙公司财务发生困难,无法按合同规定偿还债务,经双方协议,甲公司同意减免乙公司20 000元债务,余额用现金立即偿清。甲公司对债权计提坏账准备3 000元。

要求:分别作出债务人和债权人的账务处理。

【计算分析题2】

2018年1月1日,甲公司销售一批材料给乙公司,含税价为105 000元。2018年3月1日,乙公司发生财务困难,无法按合同规定偿还债务,经双方协议,甲公司同意乙公司用产品抵偿该应收账款,作为原材料入库。该产品市价为80 000元,增值税税率为17%,产品成本为70 000元。乙公司为转让的产品计提了存货跌价准备500元,甲公司为债权计提了坏账准备500元。假定不考虑其他税费。

要求:分别作出债务人和债权人的账务处理。

【计算分析题3】

A企业和B企业均为工业企业一般纳税人。A企业于2016年6月30日向B企业出售产品一批,产品销售价款200万元,增值税34万元;B企业于同年6月30日开出期限为6个月的商业承兑汇票,抵偿该产品价款。在该票据到期日,B企业未按期兑付该票据,A企业将该应收票据按其到期价值转入应收账款。至2017年12月31日,A企业对该应收账款提取的坏账准备为7万元。B企业由于财务困难,短期内资金紧张,于2017年12月31日经与A企业协商,达成债务重组协议如下:B企业以产品一批偿还债务。该批产品的账面价值为130万元,公允价值为180万元,应交增值税为30.6万元。B企业开出增值税专用发票。A企业将该产品作为商品验收入库。

要求:

（1）计算B企业债务重组的债务重组利得;

（2）编制B企业与债务重组有关的会计分录;

（3）计算A企业债务重组损失;

（4）编制A企业与债务重组有关的会计分录。

【计算分析题4】

2017年5月10日,甲公司销售一批材料给乙公司,同时收到乙公司签发并承兑的一张面值140 400元、期限为6个月的商业汇票。6个月后将该票据到期的本息全部转入应收账款。当年12月10日,乙公司发生财务困难,无法支付款项,经双方协议,甲公司同意乙公司用一台设备抵偿该债权。这台设备的历史成本为120 000元,累计折旧为30 000元,清理费用等（银行存款支付）为1 000元,计提的减值准备为9 000元,公允价值为

100 000元，增值税税率为17%。甲公司对债权计提坏账准备1 000元。

要求：

（1）编制甲公司2017年5月10日销售材料的会计分录；

（2）编制甲公司2017年11月10日票据到期的会计分录；

（3）编制甲公司2017年12月10日债务重组的会计分录；

（4）编制乙公司2017年12月10日债务重组的会计分录。

【计算分析题5】

2017年2月10日，甲公司销售一批产品给乙公司（股份有限公司），同时收到乙公司签发并承兑的一张面值103 500元、期限为6个月的商业汇票。8月10日，乙公司与甲公司协商，以其普通股抵偿该票据。乙公司用于抵债的普通股为10 000股（面值1元），股票市价为每股9.6元。不考虑其他税费。

要求：分别作出债务人和债权人的账务处理。

五、实训题

【实训1】

2017年8月15日欧方公司从蓝天公司购进一批材料，含税价共计351 000元。按合同规定，西方公司应于2017年10月15日前偿还价款。由于欧方公司发生财务困难，无法按合同规定的期限偿还债务，经双方协商于2017年12月15日进行债务重组。协议规定，蓝天公司同意减免欧方公司105 300元，余额245 700用现金立即偿清，当日蓝天公司通过银行转账收到了该笔偿还的款项。蓝天公司对该项应收账款已计提了20 000元的坏账准备。

相关原始凭证见表16-1至表16-7。

表16-1　　　　　报账（付款）审批单

部门：财务部　　　　　　　2017年12月15日

经手人	焦华	事　由	支付前欠货款
项目名称	金　额（元）	付款（结算）方式	备　注
支付材料款	245 700.00	转账支票	
合　计	245 700.00		
单位负责人审批	财务主管	部门领导	出纳员
同意。	同意。	同意。	
王芳	刘希	戴英音	周才

附单据2张

表16-2

债务重组协议

甲方：欧方公司

乙方：蓝天公司

签订时间：2017年12月15日

签订地点：江苏省无锡市

鉴于长期业务往来形成的债权债务关系，甲、乙双方经友好协商达成如下债务重组协议，以兹共同遵守：

1. 本次债务重组的金额为351 000元（大写：叁拾伍万壹仟元整）。

2. 由于甲方生产经营遇到了前所未有的困难，资金匮乏，乙方充分考虑到甲方的实际情况，同意以欠款额折让30%来支持甲方，收取剩余欠款。

3. 乙方同意按欠款金额70%折算后，甲方应支付乙方欠款为人民币245 700元（大写：贰拾肆万伍仟柒佰元整）。

4. 债务重组按70%折算后，乙方共放弃欠款金额105 300元（大写：壹拾万零伍仟叁佰元整）。乙方同意甲方在一个月内以现金支付应付的余款。

5. 甲方按期支付乙方约定的欠款，乙方同意放弃索要欠款利息及约定外的欠款。

6. 协议双方各自承诺及保证，签署和履行本协议已履行了各自全部必要的审核和批准程序，获得了所有必要的授权。

7. 本协议自双方代表签字并加盖公章之日起生效。

8. 本协议如有未尽事宜，协议双方协商解决。

9. 本协议正本一式四份，甲、乙双方各执两份。

甲方（盖章）：欧方公司
法定代表人或委托代理人（签字）：王芳

乙方（盖章）：蓝天公司
法定代表人或委托代理人（签字）：刘玲

表16-3

中国工商银行
转账支票存根
16203145

附加信息

出票日期2017年12月15日

收款人：蓝天公司

金　额：￥245 700.00

用　途：支付材料款

单位主管：李永秋　会计：黄云

表16-4　中国工商银行　进账单（回单）　1

2017年12月15日

出票人	全称	欧方公司	收款人	全称	蓝天公司
	账号	23008600511		账号	23004500622
	开户银行	工行北海办事处		开户银行	工行无锡市支行

金额	人民币（大写）	贰拾肆万伍仟柒佰元整	亿 千 百 十 万 千 百 十 元 角 分 ￥2 4 5 7 0 0 0 0

票据种类	转账支票	票据张数	1
票据号码	16203145		

中国工商银行
北海办事处
2017.12.15
转讫

复核：　　记账：　　　　　　　开户银行签章

此联是开户银行交给持（出）票人的回单

表16-5　债务重组利得计算表

编制单位：欧方公司　　　2017年12月15日　　　单位：元

项目	金额
应付账款（蓝天公司）账面余额	351 000.00
减：已支付的款项	245 700.00
债务重组利得	105 300.00

审核：王宁　　　　　　制表：冯零

表16-6　中国工商银行　进账单（收账通知）　3

2017年12月15日

付款人	全称	欧方公司	收款人	全称	蓝天公司
	账号	23008600511		账号	23004500622
	开户银行	工行北海办事处		开户银行	工行无锡市支行

金额	人民币（大写）	贰拾肆万伍仟柒佰元整	亿 千 百 十 万 千 百 十 元 角 分 ￥2 4 5 7 0 0 0 0

票据种类	转账支票	票据张数	1
票据号码	16203145		

中国工商银行
无锡市支行
2017.12.15
转讫

复核：　　记账：　　　　　　收款人开户银行签章

此联是收款人开户银行交给收款人的收账通知

表 16-7   **债务重组损失计算表**

编制单位：蓝天公司   2017 年 12 月 15 日   单位：元

项目	金额
应收账款（欧方公司）账面余额	351 000.00
减：收到的款项	245 700.00
差额	105 300.00
减：已计提的坏账准备	20 000.00
债务重组损失	85 300.00

审核：钱德   制表：孙奇

实训要求：

（1）根据表 16-1 至 16-5 编制欧方公司债务重组的会计分录；

（2）根据表 16-2、表 16-6、表 16-7 编制蓝天公司债务重组的会计分录。

【实训2】

南红公司向秀文公司购买了一批货物，价款 550 000 元（包括增值税），按照购销合同约定，南红公司应于 2017 年 11 月 10 日前支付该价款，但至 2017 年 11 月 30 日尚未支付。由于南红公司财务发生困难，短期内不能偿还债务。经双方协商，南红公司以其产品钢材抵偿债务，交付产品后双方的债权债务结清。南红公司已将用于抵债的钢材发出，并开出增值税专用发票。该批钢材的公允价值为 450 000 元，实际成本为 350 000 元，适用的增值税税率为 17%。秀文公司于 2017 年 12 月 3 日收到南红公司抵债的钢材，并作为生产用原材料入库；秀文公司对该项应收账款计提了 20 000 元的坏账准备。

相关原始凭证见表 16-8 至表 16-14。

表 16-8   **债务重组协议**

甲方：南红公司

乙方：秀文公司

签订时间：2017 年 11 月 30 日

签订地点：江苏省无锡市

鉴于长期业务往来形成的债权债务关系，甲、乙双方经友好协商达成如下债务重组协议，以兹共同遵守：

1.本次债务重组的金额为人民币伍拾伍万元整。

2.由于甲方生产经营遇到了前所未有的困难，资金匮乏，乙方充分考虑到甲方的实际情况，同意乙方以产品一批抵偿债务，该批产品的公允价值为人民币肆拾伍万元整。

3.2017 年 12 月 3 日前甲方将钢材运抵甲方，甲方同意放弃索要欠款利息及约定外的欠款。

4.协议双方各自承诺及保证，签署和履行本协议已履行了各自全部必要的审核和批准程序，获得了所有必要的授权。

5.本协议自双方代表签字并加盖公章之日起生效。

6.本协议如有未尽事宜，协议双方协商解决。

7.本协议正本一式四份，甲、乙双方各执两份。

甲方（盖章）：南红公司   乙方（盖章）：秀文公司

法定代表人或委托代理人（签字）：马巍   法定代表人或委托代理人（签字）：郭新

表 16-9

江苏增值税专用发票

3102167130

此联不作报销、抵税凭证使用　开票日期：2017 年 11 月 30 日

No 15453891

购买方	名　称：秀文公司 纳税人识别号：91320256635511546M 地址、电话：无锡市太湖大道 54 号 85431153 开户行及账号：中行太湖支行 7689765578			密码区	(略)			第一联 记账联 销售方记账凭证

货物或应税劳务、服务名称	规格型号	单位	数量	单价	金额	税率	税额
钢材		吨	100	4 500.00	450 000.00	17%	76 500.00
合　计					¥450 000.00		¥76 500.00

价税合计（大写）	⊗伍拾贰万陆仟伍佰元整	（小写）¥526 500.00

销售方	名　称：南红公司 纳税人识别号：91160102244212458M 地址、电话：无锡市滨湖区太湖东路 187 号 88123456 开户行及账号：中国工商银行无锡太湖支行 6222464654546559	备注	91160102244212458M 发票专用章

收款人：李灿　　复核：彭勇　　开票人：赵海涛　　销售方（章）

表 16-10

出库单

出货单位：南红公司　　　2017 年 11 月 30 日　　　单号：008

提货单位或领货单位	秀文公司	销售单号	15453800	发出仓库	钢材仓库	出库日期	2017.11.30

编号	名称及规格	单位	数量 应发	数量 实发	单价	金额
	钢材	吨	100	100	3 500.00	350 000.00
	合计		100	100		350 000.00

部门经理：王魏　　会计：张瑶　　仓库：徐雪　　经办人：王思

表 16-11

债务重组利得计算表

编制单位：南红公司　　　2017 年 11 月 30 日　　　单位：元

项目	金额
应付账款（秀文公司）账面余额	550 000.00
减：抵债的钢材的公允价值	450 000.00
钢材的增值税	76 500.00
债务重组利得	23 500.00

审核：王宁瑶　　制表：冯锐

表 16-12

江苏增值税专用发票

发票联

No 15453891

3102167130

开票日期：2017 年 11 月 30 日

购买方	名　　称：秀文公司 纳税人识别号：91320256635511546M 地址、电话：无锡市太湖大道54号 85431153 开户行及账号：中行太湖支行 7689765578	密码区	（略）

货物或应税劳务、服务名称	规格型号	单位	数量	单价	金额	税率	税额
钢材		吨	100	4 500.00	450 000.00	17%	76 500.00
合　计					¥450 000.00		¥76 500.00

价税合计（大写）	⊗伍拾贰万陆仟伍佰元整	（小写）¥526 500.00

销售方	名　　称：南红公司 纳税人识别号：91160102244212458M 地址、电话：无锡市滨湖区太湖东路128号 88123456 开户行及账号：中国工商银行无锡太湖支行6222464654546559	备注	91160102244212458M 发票专用章 销售方（章）

收款人：李灿　　复核：彭勇　　开票人：赵海涛

第三联 发票联 购买方记账凭证

表 16-13

收料单

供应单位：南红公司　　　　2017 年 12 月 3 日　　　　编号：20007

材料编号	名称	单位	规格	数量		实际成本			
				应收	实收	单价	发票价格	运杂费	合计
	钢材	吨		100	100	4 500	450 000		45 000.00

备注：

收料人：杨有兵　　　　　　　交料人：李小明

第二联 记账联

表 16-14

债务重组损失计算表

编制单位：秀文公司　　　　2017 年 12 月 3 日　　　　单位：元

项目	金额
应收账款（南红公司）账面余额	550 000.00
减：收到的钢材的公允价值	450 000.00
钢材的增值税	76 500.00
差额	23 500.00
减：已计提的坏账准备	20 000.00
债务重组损失	3 500.00

审核：王析　　　　　　制表：梁日

实训要求：

（1）根据表16-8至表16-11编制南红公司债务重组的会计分录；

（2）根据表16-8、表16-12至表16-14编制秀文公司债务重组的会计分录。

各章同步测试参考答案

第1章 总 论

一、单项选择题
1.B 2.A 3.C 4.B 5.D 6.B 7.C 8.D

二、多项选择题
1.ABDE 2.ABC 3.BCD 4.ABCD 5.BDEF 6.ABD 7.BCD 8.ABCDE

三、判断题
1.× 2.√ 3.√ 4.× 5.√ 6.× 7.× 8.× 9.√ 10.×

第2章 货币资金

一、单项选择题
1.D 2.C 3.C 4.B 5.D 6.C 7.D 8.A 9.A 10.B 11.C 12.B

二、多项选择题
1.CDE 2.ABCD 3.ABDE 4.ABCE 5.ABC 6.ABD 7.AB 8.CD 9.BC 10.BD 11.CD 12.CD

三、判断题
1.× 2.√ 3.× 4.× 5.√ 6.× 7.× 8.√ 9.× 10.√ 11.× 12.× 13.√ 14.× 15.×

四、业务核算题

【业务核算题1】

编制的会计分录如下：

（1）借：其他应收款——李红		2 000
贷：银行存款		2 000
（2）借：库存现金		90 000
贷：银行存款		90 000
（3）借：应付职工薪酬		90 000
贷：库存现金		90 000
（4）借：管理费用——办公费		640
贷：银行存款		640
（5）借：银行存款		23 400
贷：主营业务收入		20 000
应交税费——应交增值税（销项税额）		3 400
（6）借：管理费用——差旅费		1 700
库存现金		300
贷：其他应收款——李红		2 000
（7）借：管理费用——邮电费		500
贷：银行存款		500
（8）借：银行存款		834
贷：财务费用——利息		834

登账略，库存现金日记账余额为1 900元，银行存款日记账余额为30 594元。

【业务核算题2】

（1）编制的会计分录如下：

①借：银行存款　　　　　　　　　　　　　　　　　　　　　　　　　480

　　贷：营业外收入　　　　　　　　　　　　　　　　　　　　　　　480

②借：管理费用　　　　　　　　　　　　　　　　　　　　　　　　360

　　贷：银行存款　　　　　　　　　　　　　　　　　　　　　　　360

（2）编制的银行存款余额调节表如下：

银行存款余额调节表

2017年12月31日　　　　　　　　　　　　　　　　　　单位：万元

项　目	金　额	项　目	金　额
银行存款日记账余额	432	银行对账单余额	664
加：银行已收，企业未收款	384	加：企业已收，银行未收款	480
减：银行已付，企业未付款	32	减：企业已付，银行未付款	360
调节后余额	784	调节后余额	784

五、案例分析题

董事长指示出纳王某将已被注销的坏账收入4万元，在公司会计账册之外另行登记保管，违反了《会计法》和《内部会计控制规范——销售与收款》的相关规定。《会计法》规定，各单位发生的经济业务事项应当在依法设置的会计账簿上统一登记、核算，不得违反《会计法》和国家统一的会计制度的规定私设会计账簿登记、核算。《内部会计控制规范——销售与收款》要求，销售收入及时入账，不得账外设账，不得擅自坐支现金；对已注销的坏账应建立备查登记，做到账销案存；收回已注销的坏账应及时入账。

六、实训题

【实训1】

会计分录：

借：库存现金　　　　　　　　　　　　　　　　　　　　　　　78 000

　　贷：银行存款　　　　　　　　　　　　　　　　　　　　　78 000

【实训2】

银行汇（本）票申请书

2017 年 04 月 25 日 　　　　　流水号：01984156

业务类型	☑银行汇票　□银行本票	付款方式	☑转账　□现金											
公司名称	无锡海华股份有限公司	收款人	北京百货批发站											
账　号	6222464654546553	账　号	4563509048708097623											
用　途	购买桌子	代理付款行	中国银行北京三环支行	亿	千	百	十	万	千	百	十	元	角	分
金额（大写）	人民币伍万捌仟伍佰元整						￥	5	8	5	0	0	0	0

客户签章

会计主管　　授权　　复核　　录入

会计分录：

借：其他货币资金——银行汇票存款　　　　　　58 500

　贷：银行存款　　　　　　58 500

【实训3】

ICBC 中国工商银行　电汇凭证（回单）1

☑普通　□加急　　委托日期　2017 年 07 月 12 日

汇款人	全称	无锡海华股份有限公司	收款人	全称	上海市新华书店										
	账号	6222464654546553		账号	6222152189425225546317										
	汇出地点	江苏省 无锡 市/县		汇入地点	上海 市/县										
	汇出行名称	中国工商银行无锡太湖支行		汇入行名称	交通银行上海嘉定支行										
金额	人民币（大写）叁仟元整					亿	千	百	十	万	千	百	十	元	角	分
											￥	3	0	0	0	0	0

支付密码

附加信息及用法：购书款

汇出行签章　复核：　记账：

会计分录：

借：应付账款——上海市新华书店　　　　　　3 000

　贷：银行存款　　　　　　3 000

第3章　应收及预付款项

一、单项选择题

1.C　2.D　3.A　4.B　5.B　6.C　7.D　8.A　9.C　10.B

二、多项选择题

1.ABDE　2.BC　3.ABCDE　4.ABCDE　5.AC　6.ABCD　7.ABCD　8.BD

三、判断题

1.×　2.√　3.×　4.√　5.√　6.√　7.√　8.×　9.√　10.√

四、业务核算题

【业务核算题1】

编制的会计分录如下：

（1）借：应收账款——某商场　　　　　　23 400

贷：主营业务收入——A产品		20 000
应交税费——应交增值税（销项税额）		3 400
（2）借：银行存款	23 400	
贷：应收账款——某商场		23 400
（3）借：应收账款——甲企业	234 000	
贷：主营业务收入——B产品		200 000
应交税费——应交增值税（销项税额）		34 000
（4）借：应收票据——甲企业	234 000	
贷：应收账款——甲企业		234 000
（5）①借：应收账款——某商店	6 000	
贷：坏账准备		6 000
借：银行存款	6 000	
贷：应收账款——某商店		6 000
②借：坏账准备	10 000	
贷：应收账款——红星商场		10 000

③年末坏账准备应有余额=6 000 000×5‰=30 000（元）

应补提坏账准备=30 000-20 000=10 000（元）

借：资产减值损失	10 000	
贷：坏账准备		10 000

【业务核算题2】

编制的会计分录如下：

（1）借：应收票据——甲企业	93 600	
贷：主营业务收入——A产品		80 000
应交税费——应交增值税（销项税额）		13 600
（2）借：应收账款——甲企业	93 600	
贷：应收票据——甲企业		93 600
（3）借：银行存款	93 600	
贷：应收账款——甲企业		93 600

（4）贴现利息=50 000×5‰×3=750（元）

贴现所得额=50 000-750=49 250（元）

借：银行存款	49 250	
财务费用	750	
贷：应收票据		50 000

【业务核算题3】

编制的会计分录如下：

（1）借：预付账款——星星工厂	20 000	
贷：银行存款		20 000
（2）借：原材料——甲材料	36 000	
应交税费——应交增值税（进项税额）	6 120	
贷：预付账款——星星工厂		20 000
银行存款		22 120
（3）借：其他应收款——代垫水电费	2 000	
贷：银行存款		2 000

（4）①借：其他应收款——总务科 2 000

　　　贷：银行存款 2 000

②借：管理费用——其他费用 1 600

　　贷：库存现金 1 600

（5）借：其他应收款——李明 2 000

　　贷：银行存款 2 000

（6）借：管理费用——差旅费 2 400

　　贷：其他应收款——李明 2 000

　　　库存现金 400

【业务核算题4】

（1）确认坏账损失：

借：坏账准备 10

　　贷：应收账款 10

（2）收到上年度已转销的坏账损失，先恢复应收款项，再冲销：

借：应收账款 8

　　贷：坏账准备 8

借：银行存款 8

　　贷：应收账款 8

（3）2017年年末"坏账准备"科目的余额=（3 000+5 000+850-10+8-8-4 000）×5%=4 840×5%=242（万元）

（注：5 000和850是业务（1）中发生的应收账款；4 000是业务（4）中的应收款项收回）

（4）2017年年末应计提的坏账准备数额根据期初期末余额倒挤，242-（150-10+8）=94（万元）

借：资产减值损失 94

　　贷：坏账准备 94

五、实训题

【实训1】

<table>
<tr><td colspan="6">🏦 银行承兑汇票 2</td><td>30101150</td></tr>
<tr><td colspan="6">出票日期 （大写） 贰零壹柒年零叁月贰拾壹日</td><td>68771056</td></tr>
</table>

出票人全称	无锡海华股份有限公司	收款人	全　称	上海东方集团有限公司	此联收款人开户行随托收凭证寄付款行作借方凭证附件
出票人账号	6222464654546553		账　号	9558801009012132093	
付款行名称	中国工商银行无锡太湖支行		开户银行	中国工商银行上海嘉定支行	
出票金额	人民币（大写） 伍拾叁万贰仟元整		亿千百十万千百十元角分 ¥53200000		
汇票到期日（大写）	贰零壹柒年零玖月贰拾壹日	付款行	行号		
承兑协议编号	770321		地址		
本汇票请你行承兑，到期无条件付款。		本汇票已经承兑，到期日由本行付款。 承兑行签章 承兑日期　年　月　日		密押	
出票人签章	备注：			复核　　　记账	

会计分录：

借：应收票据——上海东方集团有限公司   532 000

贷：主营业务收入   454 700.85

应交税费——应交增值税（销项税额）   77 299.15

【实训2】

会计分录：

借：应收账款——上海天地集团有限公司   59 000

贷：主营业务收入   50 000

应交税费——应交增值税（销项税额）   8 500

银行存款   500

第4章　　存　货

一、单项选择题

1.A　2.B　3.A　4.A　5.C　6.B　7.D　8.B　9.C　10.B　11.A　12.B　13.C　14.A　15.B　16.C　17.A　18.B

二、多项选择题

1.ACE　2.ABCE　3.BC　4.AC　5.BD　6.ACD　7.ABC　8.ABCD　9.CD　10.ABD　11.ACD　12.ABD

三、判断题

1.√　2.√　3.×　4.×　5.×　6.×　7.×　8.√　9.√　10.√　11.√　12.√　13.×　14.√

四、计算分析题

【计算分析题1】

加权平均单位成本=（3 900+17 770）÷（300+1 400）=12.7471（元/千克）

本月发出甲材料的实际成本=1 050×12.7471=13 384.46（元）

期末库存甲材料成本=3 900+17 770−13 384.46=8 285.54（元）

【计算分析题2】

本月发出乙材料的实际成本=300×9+（100×9+100×9.2）+（400×9.2+20×8.8）+230×8.8+（50×8.8+250×9）

　　　　　　　　　　=13 090（元）

月末库存乙材料成本=350×9=3150（元）

或　　　　　　　　=3 600+12 640-13 090=3 150（元）

【计算分析题3】

辅助材料成本差异率=（-4 800+1 200）÷（320 000+180 000）×100%=-0.72%

本月发出材料应分摊的材料成本差异=215 000×（-0.72%）=-1 548（元）

月末库存材料应分摊的材料成本差异=285 000×（-0.72%）=-2 052（元）

【计算分析题4】

12月份商品进销差价率=［（60-35）+80］÷（60+360）×100%=25%

12月份已销服装的实际成本=320-320×25%=240（万元）

期末库存服装的实际成本=（60+360-320）-（60+360-320）×25%=75（万元）

五、实训题

【实训1】

（1）借：原材料		50 000
贷：应付账款——暂估应付款		50 000
（2）借：原材料——甲材料	100 600	
应交税费——应交增值税（进项税额）	17 000	
贷：银行存款		117 600
（3）借：原材料——乙材料	90 000	
贷：在途物资		90 000

（4）运杂费分摊率=（1 200+1 500）÷（30+20）=54（元/吨）

乙材料应分摊运杂费=30×54=1 620（元）

丙材料应分摊运杂费=20×54=1 080（元）

借：在途物资——乙材料	31 620	
——丙材料	21 080	
应交税费——应交增值税（进项税额）	8 632	
贷：银行存款		61 332
（5）借：原材料——乙材料	31 620	
——丙材料	21 080	
贷：在途物资——乙材料		31 620
——丙材料		21 080
（6）借：预付账款	20 000	
贷：银行存款		20 000
（7）借：原材料——甲材料	40 000	
应交税费——应交增值税（进项税额）	6 800	
贷：预付账款		46 800
（8）借：原材料	30 000	
贷：应付账款——暂估应付款		30 000
（9）借：生产成本	89 600	
制造费用	7 200	
管理费用	2 400	

借：销售费用   680
  贷：原材料   99 880

【实训2】

（1）借：材料采购   50 000
      应交税费——应交增值税（进项税额）   8 500
    贷：银行存款   58 500

（2）借：预付账款   10 000
    贷：银行存款   10 000

（3）借：材料采购   15 000
      应交税费——应交增值税（进项税额）   2 550
    贷：预付账款   17 550

（4）借：预付账款   7 550
    贷：银行存款   7 550

（5）借：材料采购   60 000
      应交税费——应交增值税（进项税额）   10 200
    贷：银行存款   70 200

（6）可暂不作分录，待月末一起结转原材料计划成本和材料成本差异。

（7）未收到发票等单据不作分录。

（8）借：原材料   30 000
    贷：应付账款——暂估应付款   30 000

（9）本月入库材料共计640千克（480+160），计划成本为64 000元（640×100），实际成本为65 000元（50 000+15 000），不包括未收到发票账单的暂估入账材料。

借：原材料   64 000
  材料成本差异   1 000
  贷：材料采购   65 000

（10）发出材料时按计划成本入账：

借：生产成本   20 000
  销售费用   15 000
  管理费用   5 000
  委托加工物资   30 000
  贷：原材料   70 000

本月材料成本差异率=（-2 000+1 000）÷（36 000+64 000）×100%=-1%

借：生产成本   200
  销售费用   150
  管理费用   50
  委托加工物资   300
  贷：材料成本差异   700

【实训3】

（1）发出原材料时：

借：委托加工物资   100 000
  贷：原材料   100 000

（2）支付加工费、运费及消费税时：

借：委托加工物资   16 202

借：应交税费——应交增值税（进项税额）   1 739.6

    贷：银行存款   17 941.6

（3）委托加工完毕，产品验收入库时：

借：库存商品——W产品   116 202

    贷：委托加工物资   116 202

【实训4】

（1）借：生产成本   1 500

      贷：周转材料——包装物   1 500

（2）收到销售款：

借：银行存款   2 340

    贷：其他业务收入   2 000

        应交税费——应交增值税（销项税额）   340

结转包装物成本：

借：其他业务成本   1 620

    贷：周转材料——包装物   1 620

（3）借：销售费用   1 000

      贷：周转材料——包装物   1 000

（4）收取押金时：

借：银行存款   10 000

    贷：其他应付款   10 000

结转出租包装物成本：

借：其他业务成本   8 000

    贷：周转材料——包装物   8 000

（5）借：其他应付款   5 000

      贷：其他业务收入（1 500÷（1+17%））   1 282.05

        应交税费——应交增值税（销项税额）   217.95

        银行存款   3 500

【实训5】

（1）借：周转材料——低值易耗品   5 000

        应交税费——应交增值税（进项税额）   850

      贷：银行存款   5 850

（2）借：管理费用   1 200

      贷：周转材料——低值易耗品   1 200

（3）借：周转材料——低值易耗品（在用）   3 600

      贷：周转材料——低值易耗品（在库）   3 600

同时：借：制造费用   400

        贷：周转材料——低值易耗品（摊销）   400

（4）借：周转材料——低值易耗品（摊销）   1 500

      贷：周转材料——低值易耗品（在用）   1 500

借：原材料   50

    贷：制造费用   50

【实训6】

（1）角钢：借：原材料——角钢   90

　　　　　　贷：待处理财产损溢——待处理流动资产损溢　　　　　　90
　　借：待处理财产损溢——待处理流动资产损溢　　　　　　90
　　　　贷：管理费用　　　　　　90
　　（2）圆钢：借：待处理财产损溢——待处理流动资产损溢　　　　　　56
　　　　　　　　贷：原材料——圆钢　　　　　　56
　　借：管理费用　　　　　　65.52
　　　　贷：待处理财产损溢——待处理流动资产损溢　　　　　　56
　　　　　　应交税费——应交增值税（进项税额转出）（56×17%）　　　　　　9.52
　　（3）铝材：借：待处理财产损溢——待处理流动资产损溢　　　　　　3 000
　　　　　　　　贷：原材料——铝材　　　　　　3 000
　　借：其他应收款　　　　　　2 700
　　　　营业外支出　　　　　　300
　　　　贷：待处理财产损溢——待处理流动资产损溢　　　　　　3 000

【实训7】
（1）有销售合同部分：可变现净值=40×（11-0.5）=420（万元）
成本=40×10=400（万元），这部分存货不需计提跌价准备。
超过合同数量部分：可变现净值=60×（10.2-0.5）=582（万元）
成本=60×10=600（万元），这部分存货需计提跌价准备18万元。
A产品本期应计提存货跌价准备=18-10=8（万元）
（2）借：资产减值损失　　　　　　80 000
　　　　贷：存货跌价准备——A产品　　　　　　80 000

第5章　金融资产

一、单项选择题
1.C　2.D　3.A　4.A　5.D　6.B　7.D　8.A　9.D　10.B　11.A　12.A　13.A　14.A

二、多项选择题
1.BCD　2.BCD　3.ABC　4.BD　5.AC　6.BC　7.ABC　8.AB　9.ABC　10.ABCD

三、判断题
1.√　2.×　3.×　4.√　5.×　6.×　7.×　8.√　9.√

四、计算分析题
【计算分析题1】
（1）2015年5月1日，购入股票：
借：可供出售金融资产——成本　　　　　　30 000 000
　　贷：银行存款　　　　　　30 000 000
（2）2015年12月31日，确认股票公允价值变动：
借：其他综合收益（30 000 000-2 000 000×13）　　　　　　4 000 000
　　贷：可供出售金融资产——公允价值变动　　　　　　4 000 000
（3）2016年12月31日，确认股票投资的减值损失：
借：资产减值损失（30 000 000-2 000 000×6）　　　　　　18 000 000
　　贷：其他综合收益　　　　　　4 000 000
　　　　可供出售金融资产减值准备　　　　　　14 000 000
（4）2017年12月31日，确认股票价格上涨：
借：可供出售金融资产减值准备　　　　　　8 000 000

贷：其他综合收益（2 000 000×4）　　　　　　　　　　　　　　　8 000 000

【计算分析题2】

（1）2015年1月1日：

借：可供出售金融资产——成本　　　　　　　　　　　　　　　　10 000

　　　　　　　　——利息调整　　　　　　　　　　　　　　　　565.3

　　贷：银行存款　　　　　　　　　　　　　　　　　　　　　　10 565.3

（2）2015年12月31日：

借：应收利息　　　　　　　　　　　　　　　　　　　　　　　　500

　　贷：投资收益（10 565.3×3%）　　　　　　　　　　　　　　316.96

　　　　可供出售金融资产——利息调整　　　　　　　　　　　　183.04

摊余成本=10 565.3×（1+3%）-10 000×5%=10 382.26（万元）

借：银行存款　　　　　　　　　　　　　　　　　　　　　　　　500

　　贷：应收利息　　　　　　　　　　　　　　　　　　　　　　500

（3）2016年12月31日：

借：应收利息　　　　　　　　　　　　　　　　　　　　　　　　500

　　贷：投资收益（10 382.26×3%）　　　　　　　　　　　　　311.47

　　　　可供出售金融资产——利息调整　　　　　　　　　　　　188.53

摊余成本=10 382.26×（1+3%）-10 000×5%=10 193.73（万元）

借：银行存款　　　　　　　　　　　　　　　　　　　　　　　　500

　　贷：应收利息　　　　　　　　　　　　　　　　　　　　　　500

（4）2017年12月31日：

利息调整的金额=565.3-183.04-188.53=193.73（万元）

借：应收利息　　　　　　　　　　　　　　　　　　　　　　　　500.00

　　贷：投资收益　　　　　　　　　　　　　　　　　　　　　　306.27

　　　　可供出售金融资产——利息调整　　　　　　　　　　　　193.73

借：银行存款　　　　　　　　　　　　　　　　　　　　　　　　500

　　贷：应收利息　　　　　　　　　　　　　　　　　　　　　　500

借：银行存款　　　　　　　　　　　　　　　　　　　　　　　　10 000

　　贷：可供出售金融资产——成本　　　　　　　　　　　　　　10 000

【计算分析题3】

（1）①对乙公司投资，应该划分为交易性金融资产。

理由：因不具有控制、共同控制或重大影响，公允价值能够可靠计量，且随时准备出售。

②对丙公司投资应划分为持有至到期投资。

理由：甲公司将该债券计划持有至到期。

③对丁公司的认股权证，应划分为交易性金融资产。

理由：认股权证属于衍生金融工具。

④对戊公司的投资，应划分为可供出售金融资产。

理由：因不具有控制、共同控制或重大影响，公允价值能够可靠计量，取得时未将其分类为以公允价值计量且其变动计入当期损益的金融资产，取得时限售期为3年。

（2）借：交易性金融资产——成本（2 000×8）　　　　　　　　16 000

　　　　投资收益　　　　　　　　　　　　　　　　　　　　　　30

　　　　贷：银行存款　　　　　　　　　　　　　　　　　　　　16 030

借：交易性金融资产——公允价值变动　　　　　　　　　　　　　2 000

贷：公允价值变动损益	2 000
（3）借：持有至到期投资——成本	1 000
贷：银行存款	1 000
借：应收利息（1 000×6%）	60
贷：投资收益	60
借：银行存款	60
贷：应收利息	60
（4）借：交易性金融资产——成本	100
贷：银行存款	100
借：公允价值变动损益（100-100×0.6）	40
贷：交易性金融资产——公允价值变动	40
（5）借：可供出售金融资产——成本	1 500
贷：银行存款	1 500
借：其他综合收益	100
贷：可供出售金融资产——公允价值变动	100

五、综合题

（1）甲公司取得乙公司的长期股权投资采用权益法核算。

理由：甲公司取得乙公司30%的股权，能够对乙公司施加重大影响，所以采用权益法核算。

取得股权投资应作的会计分录为：

借：长期股权投资——投资成本	45 000 000
贷：股本	10 000 000
资本公积——股本溢价	35 000 000

取得投资时被投资单位可辨认净资产公允价值=16 000+［480-（500-100）］=16 080（万元）

甲公司取得投资日应享有被投资单位可辨认净资产公允价值的份额=16 080×30%=4 824（万元），大于长期股权投资的初始投资成本，应当进行调整。

调增长期股权投资的金额=4 824-4 500=324（万元）

应编制的会计分录为：

借：长期股权投资——投资成本	3 240 000
贷：营业外收入	3 240 000

（2）应确认的投资收益=［6 000-（480÷4-500÷5）-（1 200-900）×50%］×30%=1 749（万元）

应确认的其他综合收益=200×30%=60（万元）

应编制的会计分录为：

借：长期股权投资——损益调整	17 490 000
贷：投资收益	17 490 000
借：长期股权投资——其他综合收益	600 000
贷：其他综合收益	600 000

（3）处置长期股权投资的损益=5 600+1 400-（4 500+324+1 749+60）+60=427（万元）

处置分录：

借：银行存款	56 000 000
可供出售金融资产——成本	14 000 000
贷：长期股权投资——投资成本	48 240 000
——损益调整	17 490 000
——其他综合收益	600 000

　　贷：投资收益　　　　　　　　　　　　　　　　　　　　　　　　　　　　　3 670 000

借：其他综合收益　　　　　　　　　　　　　　　　　　　　　　　600 000

　　贷：投资收益　　　　　　　　　　　　　　　　　　　　　　　　　　　　　600 000

（4）2016年6月30日，应编制的会计分录为：

借：其他综合收益　　　　　　　　　　　　　　　　　　　　　1 000 000

　　贷：可供出售金融资产——公允价值变动　　　　　　　　　　　　　　　1 000 000

2016年12月31日应编制的会计分录为：

借：资产减值损失　　　　　　　　　　　　　　　　　　　　　6 000 000

　　贷：其他综合收益　　　　　　　　　　　　　　　　　　　　　　　　　1 000 000

　　　　可供出售金融资产减值准备　　　　　　　　　　　　　　　　　　　5 000 000

（5）2017年1月8日处置时，应作的会计分录为：

借：银行存款　　　　　　　　　　　　　　　　　　　　　　　7 800 000

　　可供出售金融资产——公允价值变动　　　　　　　　　　　1 000 000

　　可供出售金融资产减值准备　　　　　　　　　　　　　　　5 000 000

　　投资收益　　　　　　　　　　　　　　　　　　　　　　　200 000

　　贷：可供出售金融资产——成本　　　　　　　　　　　　　　　　　　 14 000 000

六、实训题

利息收益及利息调整摊销额计算表（实际利率法）　　单位：元

年份	期初摊余成本 ①	实际利息收益（期初摊余成本×实际利率）②=①×6.065%	现金流入（面值×票面利率）③	利息调整摊销额 ④=②-③	期末摊余成本 ⑤=①+④
2015	1 010	61	33	28	1 038
2016	1 038	63	33	30	1 068
2017	1 068	65	33	32	1 100

记 账 凭 证

2015 年 1 月 1 日　　　　　第 1 号

摘要	总账科目	明细科目	√	借方 千百十万千百十元角分	贷方 千百十万千百十元角分	
购买债券	持有至到期投资	成本		1 1 0 0 0 0		附件2张
购买债券	银行存款				1 0 1 0 0 0	
购买债券	持有至到期投资	利息调整			9 0 0 0	
合　计				￥1 1 0 0 0 0	￥1 1 0 0 0 0	

会计主管：　　　　　记账：　　　　　复核：王林　　　　　填制：张见

记 账 凭 证

2015 年 12 月 31 日　　　　　　　　　　　　第　2　号

摘要	总账科目	明细科目	√	借方 千百十万千百十元角分	贷方 千百十万千百十元角分	
债券利息	应收利息			3 3 0 0		附件2张
债券利息	持有至到期投资	利息调整		2 8 0 0		
债券利息	投资收益				6 1 0 0	
合　计				￥6 1 0 0	￥6 1 0 0	

会计主管：　　　　　记账：　　　　　复核：王林　　　　　填制：张见

记 账 凭 证

2016 年 12 月 31 日　　　　　　　　　　　　第　3　号

摘要	总账科目	明细科目	√	借方 千百十万千百十元角分	贷方 千百十万千百十元角分	
债券利息	应收利息			3 3 0 0		附件2张
债券利息	持有至到期投资	利息调整		3 0 0 0		
债券利息	投资收益				6 3 0 0	
合　计				￥6 3 0 0	￥6 3 0 0	

会计主管：　　　　　记账：　　　　　复核：王林　　　　　填制：张见

记 账 凭 证

2017 年 12 月 31 日　　　　　　　　　　　　第　4　号

摘要	总账科目	明细科目	√	借方 千百十万千百十元角分	贷方 千百十万千百十元角分	
债券利息	应收利息			3 3 0 0		附件2张
债券利息	持有至到期投资	利息调整		3 2 0 0		
债券利息	投资收益				6 5 0 0	
合　计				￥6 5 0 0	￥6 5 0 0	

会计主管：　　　　　记账：　　　　　复核：王林　　　　　填制：张见

记 账 凭 证

2017 年 12 月 31 日　　　　　　　　　　第 5 号

摘　要	总账科目	明细科目	√	借 方 千百十万千百十元角分	贷 方 千百十万千百十元角分
归还本金	银行存款			1 1 0 0 0 0	
归还本金	持有至到期投资	成本			1 1 0 0 0 0
合　计				¥ 1 1 0 0 0 0	¥ 1 1 0 0 0 0

附件 2 张

会计主管：　　　　记账：　　　　复核：王林　　　　填制：张见

第6章　长期股权投资

一、单项选择题

1.B　2.C　3.A　4.A　5.B　6.A　7.B　8.D　9.A　10.C　11.B　12.C　13.C　14.D　15.D　16.D
17.C

二、多项选择题

1.BCD　2.AD　3.ABD　4.BC　5.BD　6.ABC　7.AC　8.AC　9.BD　10.AD　11.AB

三、判断题

1.×　2.√　3.√　4.×　5.×　6.×　7.×　8.×

四、案例分析题

【案例分析题1】

（1）长江公司确认的对甲公司的长期股权投资初始投资成本不正确。

理由：因本次投资为企业合并以外的方式取得长期股权投资，应以发行权益性证券的公允价值及与投资相关的直接交易费用之和作为初始投资成本。

正确的会计处理为：

长期股权投资初始投资成本=500×4+100=2 100（万元）；其中，发生的评估费、审计费以及律师费100万元，为取得长期股权投资发生的直接交易费用，应计入长期股权投资的投资成本；为定向发行股票，长江公司支付的证券商佣金、手续费200万元应冲减资本公积（股本溢价）。

（2）长江公司应采用权益法进行后续计量，确认投资收益的会计处理不正确。

理由：长江公司能对甲公司施加重大影响，所以长江公司对甲公司的长期股权投资应采用权益法进行后续计量，应按享有的甲公司实现净利润的份额确认投资收益，收到的现金股利应冲减长期股权投资账面价值。

正确的会计处理为：

长江公司确认投资收益=2 400×20%=480（万元）

（3）长江公司对N公司投资的会计处理正确。

理由：长江公司和M公司对N公司施加共同控制，长江公司应根据付出对价的公允价值和相关税费对长期股权投资进行入账初始计量，并根据确认的固定资产的账面价值与公允价值的差额确认处置固定资产利得。

（4）长江公司在2017年确认与大海公司之间股权转让交易形成的损失不正确。

理由：长江公司该股权转让价格尚未得到国家有关部门审定，不应确认转让损益。

长江公司在2017年确认与大海公司之间应收债权转让交易形成的损失不正确。

理由：长江公司该应收债权转让手续尚未办理完毕，不应确认转让损益。

【案例分析题2】

（1）甲公司在个别财务报表中的处理：

甲公司对丁公司的投资，按照长期股权投资准则确认初始投资成本。投出厂房的账面价值与其公允价值之间的差额600万元（1 900-（1 600-300））确认为处置损益（利得），其账务处理如下：

借：固定资产清理 13 000 000
　　累计折旧 3 000 000
　　贷：固定资产 16 000 000
借：长期股权投资——丁公司（投资成本） 19 000 000
　　贷：固定资产清理 19 000 000
借：固定资产清理 6 000 000
　　贷：资产处置损益 6 000 000

2017年12月31日投出固定资产中未实现内部交易损益=600-600÷10×9÷12=555（万元）

2017年甲公司个别财务报表应确认的投资收益=（800-555）×38%=93.1（万元）

借：长期股权投资——丁公司（损益调整） 931 000
　　贷：投资收益 931 000

（2）甲公司在合并财务报表中的处理：

借：资产处置损益（6 000 000×38%） 2 280 000
　　贷：投资收益 2 280 000

【案例分析题3】

（1）甲公司在个别财务报表中的处理：

甲公司对丙公司的投资，按照长期股权投资准则确认初始投资成本。投出厂房的账面价值与其公允价值之间的差额120万元（1 000-880）确认为处置损益（利得），其账务处理如下：

借：固定资产清理 8 800 000
　　累计折旧 3 200 000
　　贷：固定资产 12 000 000
借：长期股权投资——丙公司（投资成本） 9 500 000
　　银行存款 500 000
　　贷：固定资产清理 10 000 000
借：固定资产清理 1 200 000
　　贷：资产处置损益 1 200 000

由于在此项交易中，甲公司收取50万元现金，上述利得（120万元）中包含收取的50万元现金实现的利得6万元（120÷1 000×50）。甲公司投资时固定资产中未实现内部交易损益=120-6=114（万元）。2017年12月31日固定资产中未实现内部交易损益=114-114÷10×9÷12=105.45（万元）。2017年甲公司个别财务报表应确认的投资收益=（800-105.45）×50%=347.28（万元）。

借：长期股权投资——丙公司（损益调整） 3 472 800
　　贷：投资收益 3 472 800

（2）甲公司在合并财务报表中的处理：

借：资产处置损益（1 140 000×50%） 570 000

贷：投资收益	570 000

【案例分析题4】

（1）取得乙公司20%的股权的会计处理：

借：长期股权投资——投资成本	15 000 000
贷：银行存款	15 000 000

长期股权投资的初始投资成本1 500万元小于取得投资时应享有的乙公司可辨认净资产公允价值的份额1 600万元（8 000×20%），该差额应当调整长期股权投资的账面价值：

借：长期股权投资——投资成本	1 000 000
贷：营业外收入	1 000 000

（2）2016年乙公司调整后的净利润=2 000-1 000÷10=1 900（万元）

2016年12月31日长期股权投资账面价值=1 500+100+1 900×20%+200×20%=2 020（万元）

权益法后续计量的会计分录为：

借：长期股权投资——损益调整（19 000 000×20%）	3 800 000
——其他综合收益	400 000
贷：投资收益	3 800 000
其他综合收益	400 000

（3）再次购买乙公司10%的股权，支付对价的公允价值为1 180万元，大于应享有乙公司可辨认净资产公允价值份额1 000万元（10 000×10%），产生正商誉180万元，不需要调整长期股权投资的账面价值。由于第一次投资确认了负商誉（营业外收入）100万元，两次综合考虑形成正商誉，因此也不需要调整长期股权投资的账面价值。原股权的账面价值=1 500+100+380+40=2 020（万元）。所以增资后长期股权投资的账面价值=1 180+2 020=3 200（万元）。

相关分录为：

借：长期股权投资——投资成本	11 800 000
贷：银行存款	11 800 000

五、实训题

【实训1】

（1）换入A公司对乙公司长期股权投资的入账价值=1 500+2 300=3 800（万元）

借：长期股权投资——投资成本	38 000 000
累计摊销	2 500 000
资产处置损益（23 600 000+1 380 000-23 000 000）	1 980 000
贷：其他业务收入	15 000 000
无形资产	26 100 000
应交税费——应交增值税（销项税额）	1 380 000
借：其他业务成本	8 000 000
公允价值变动损益	1 000 000
贷：投资性房地产——成本	8 000 000
——公允价值变动	1 000 000

由于投资成本3 800万元>3 000万元（15 000×20%），不需要调整投资成本。

为换出无形资产支付的相关税费并不是属于为换入资产发生的，而是为换出资产而发生的相关税费，应计入无形资产的处置损益（资产处置损益）中，而不计入长期股权投资的初始投资成本。

（2）调整后的乙公司净利润=1 600÷2-（900-400）÷10÷2-（1 200-600）÷6÷2=725（万元）

借：长期股权投资——损益调整	1 450 000
贷：投资收益（7 250 000×20%）	1 450 000

（3）借：应收股利（3 000 000×20%）　　　　　　　　　　　　　　　　　600 000
　　　贷：长期股权投资——损益调整　　　　　　　　　　　　　　　　　　　　600 000

（4）借：银行存款　　　　　　　　　　　　　　　　　　　　　　　　　　600 000
　　　贷：应收股利　　　　　　　　　　　　　　　　　　　　　　　　　　　　600 000

（5）借：长期股权投资——其他综合收益　　　　　　　　　　　　　　　　120 000
　　　贷：其他综合收益（600 000×20%）　　　　　　　　　　　　　　　　　　120 000

（6）调整后的乙公司净利润=-100-（900-400）÷10-（1 200-600）÷6=-250（万元）
　　借：投资收益（2 500 000×20%）　　　　　　　　　　　　　　　　　　500 000
　　　　贷：长期股权投资——损益调整　　　　　　　　　　　　　　　　　　　500 000

2015年年末长期股权投资的账面价值=3 800+145-60+12-50=3 847（万元）

（7）借：长期股权投资　　　　　　　　　　　　　　　　　　　　　　120 000 000
　　　贷：银行存款　　　　　　　　　　　　　　　　　　　　　　　　　120 000 000

购买日为2016年1月2日。在个别财务报表中，应当以购买日之前所持被购买方的股权投资的账面价值与购买日新增投资成本之和作为该项投资的初始投资成本。

初始投资成本=3 847+12 000=15 847（万元）

（8）合并报表中应确认的商誉=（4 000+12 000）-15 460×80%=3 632（万元）

甲公司在编制购买日合并报表时，对于购买日之前持有的被购买方的20%股权，应按照该股权在购买日的公允价值4 000万元进行重新计量。公允价值与该20%的股权在购买日的账面价值3 847万元之间的差额为153万元（4 000-3 847）计入当期投资收益。

　　借：长期股权投资　　　　　　　　　　　　　　　　　　　　　　　1 530 000
　　　贷：投资收益　　　　　　　　　　　　　　　　　　　　　　　　　　1 530 000

甲公司其他综合收益中与该20%股权投资相关的部分应转入当期投资收益。

　　借：其他综合收益（600 000×20%）　　　　　　　　　　　　　　　　120 000
　　　贷：投资收益　　　　　　　　　　　　　　　　　　　　　　　　　　　120 000

　　借：股本　　　　　　　　　　　　　　　　　　　　　　　　　　20 000 000
　　　　资本公积　　　　　　　　　　　　　　　　　　　　　　　　80 000 000
　　　　其他综合收益　　　　　　　　　　　　　　　　　　　　　　　600 000
　　　　盈余公积　　　　　　　　　　　　　　　　　　　　　　　　5 400 000
　　　　未分配利润　　　　　　　　　　　　　　　　　　　　　　48 600 000
　　　　商誉（160 000 000-154 600 000×80%）　　　　　　　　　　　36 320 000
　　　贷：长期股权投资（158 470 000+1 530 000）　　　　　　　　　　160 000 000
　　　　　少数股东权益（154 600 000×20%）　　　　　　　　　　　　　30 920 000

甲公司在购买日合并报表附注中，应披露其购买日之前持有的乙公司20%股权的公允价值4 000万元，按照公允价值重新计量产生相关利得金额为153万元。

（9）借：应收股利（3 000 000×80%）　　　　　　　　　　　　　　　　2 400 000
　　　贷：投资收益　　　　　　　　　　　　　　　　　　　　　　　　　2 400 000

（10）借：银行存款　　　　　　　　　　　　　　　　　　　　　　　　2 400 000
　　　　贷：应收股利　　　　　　　　　　　　　　　　　　　　　　　　　2 400 000

（11）借：应收股利（1 500 000×80%）　　　　　　　　　　　　　　　　1 200 000
　　　　贷：投资收益　　　　　　　　　　　　　　　　　　　　　　　　　1 200 000

【实训2】

记 账 凭 证

2018 年 1 月 1 日   第 _1_ 号

摘 要	总账科目	明细科目	∨	借方 千百十万千百十元角分	贷方 千百十万千百十元角分	
长期投资	长期股权投资	无锡中宇		1 6 0 0 0 0 0 0 0 0		附件2张
长期投资	银行存款				8 0 0 0 0 0 0 0 0	
长期投资	其他业务收入				4 0 0 0 0 0 0 0 0	
长期投资	应交税费	应交增值税（销项税额）			6 8 0 0 0 0 0 0	
长期投资	资本公积	资本溢价			3 3 2 0 0 0 0 0 0	
合 计				1 6 0 0 0 0 0 0 0 0	1 6 0 0 0 0 0 0 0 0	

会计主管：   记账：   复核：李林   填制：王见

记 账 凭 证

2018 年 1 月 1 日   第 _4_ 号

摘 要	总账科目	明细科目	∨	借方 千百十万千百十元角分	贷方 千百十万千百十元角分	
结转成本	其他业务成本			3 0 0 0 0 0 0 0 0		附件1张
结转成本	原材料				3 0 0 0 0 0 0 0 0	
合 计				￥3 0 0 0 0 0 0 0 0	￥3 0 0 0 0 0 0 0 0	

会计主管：   记账：   复核：李林   填制：王见

明 细 账

一 级 科 目：长期股权投资
二级科目或明细科目：无锡中宇

2018年 月	日	凭证 字	号	摘要	借方金额 千百十万千百十元角分	贷方 千百十万千百十元角分	借或贷	余额 千百十万千百十元角分	∨
1	1	记	1	长期投资	1 6 0 0 0 0 0 0 0 0				

第7章　在建工程与固定资产

一、单项选择题

1.C　2.C　3.D　4.A　5.B　6.B　7.D　8.A　9.C　10.A　11.C　12.D　13.C　14.B　15.D　16.C

二、多项选择题

1.ABC　2.ABC　3.BCD　4.ABC　5.ABC　6.CD　7.ABCD　8.ABD　9.BC　10.ABCD

三、判断题

1.√　2.√　3.√　4.×　5.√　6.×　7.×　8.×　9.√　10.√　11.×　12.√

四、计算题

【计算分析题1】

固定资产折旧计算表（年限平均法）

2017年8月31日　　　　金额单位：元

固定资产名称	原值	预计净残值	预计使用年限	月折旧率（%）	月折旧额
远红外设备	96 400	1 000	8	1.03	993.75

制表：　　　　审核：

固定资产折旧计算表（双倍余额递减法）

2017年8月31日　　　　金额单位：元

固定资产名称	年次	计提基数	年折旧率（%）	年折旧额	累计折旧额	期末固定资产账面价值
远红外设备	1	96 400.00	25	24 100.00	24 100.00	72 300.00
	2	72 300.00	25	18 075.00	42 175.00	54 225.00
	3	54 225.00	25	13 556.25	55 731.25	40 688.75
	4	40 688.75	25	10 167.19	65 898.44	30 501.56
	5	30 501.56	25	7 625.39	73 523.83	22 876.17
	6	22 876.17	25	5 719.04	79 242.87	17 157.13
	7	16 157.13		8 078.57	87 321.44	9 078.56
	8	16 157.13		8 078.56	95 400.00	1 000.00

制表：　　　　审核：

固定资产折旧计算表（年数总和法）

2017年8月31日　　　　金额单位：元

固定资产名称	年次	计提基数	年折旧率	年折旧额	累计折旧额
远红外设备	1	95 400	8/36	21 200	21 200
	2	95 400	7/36	18 550	39 750
	3	95 400	6/36	15 900	55 650
	4	95 400	5/36	13 250	68 900
	5	95 400	4/36	10 600	79 500
	6	95 400	3/36	7 950	87 450
	7	95 400	2/36	5 300	92 750
	8	95 400	1/36	2 650	95 400

制表：　　　　审核：

【计算分析题2】

单位工作量折旧额=（135 500-5 000）÷870 000=0.15（元/千米）

固定资产折旧计算表（工作量法）

金额单位：元

项目	数量	日期	使用千米数	年折旧额	累计折旧额	净值
预计总行驶里程（千米）	870 000	2015 年	6 900	1 035.00	1 035	134 465.00
固定资产原值	135 500.00	2016 年	7 395	1 109.25	2 144.25	133 355.75
单位工作量折旧额	0.15元/千米	2017 年 1—11 月	6 450	967.50	3 111.75	132 388.25
		2017 年 12 月	5 000	750.00	3 861.75	131 638.25

制表：　　　　　　　　　审核：

五、实训题

【实训题1】

（1）购入设备时：

借：在建工程	297 500
应交税费——应交增值税（进项税额）	50 125
贷：银行存款	347 625

（2）安装设备领用原材料时：

借：在建工程	3 600
贷：原材料	3 600

（3）安装设备领用本企业产品时：

借：在建工程	4 800
贷：库存商品	4 800

（4）应支付安装工人薪酬时：

借：在建工程	7 200
贷：应付职工薪酬	7 200

（5）设备安装完毕，达到预定可使用状态时：

借：固定资产	313 100
贷：在建工程	313 100

【实训2】

（1）2018 年 1 月 5 日，购入工程用专项物资时：

借：工程物资	200 000
应交税费——应交增值税（进项税额）	20 400
——待抵扣进项税额	13 600
贷：银行存款	234 000

（2）领用上述专项物资时：

借：在建工程	200 000
贷：工程物资	200 000

（3）领用本单位生产的水泥一批用于工程建设时：

借：在建工程	30 000
贷：库存商品	30 000

（4）领用本单位外购原材料用于工程建设时：

借：在建工程	15 000
贷：原材料	15 000

同时：借：应交税费——待抵扣进项税额   1 020

      贷：应交税费——应交增值税（进项税额转出） 1 020

（5）2018年1月至3月发生应付工程人员工资、用银行存款支付其他费用等业务时：

借：在建工程   28 600

  贷：应付职工薪酬   20 000

      银行存款   8 600

（6）2018年3月31日，该仓库达到预定可使用状态时：

借：固定资产   273 600

  贷：在建工程   273 600

【实训题3】

固定资产折旧计提表

2017 年 9 月 30 日

使用部门	固定资产项目	上月折旧额	上月增加固定资产		上月减少固定资产		本月折旧额
			原值	折旧额	原值	折旧额	
基本生产车间	房屋建筑物	1 860					1 860
	机器设备	1 210	351 300	9 688.89			10 898.89
	电子设备	960			9 800	259	701
	小计	4 030	351 300	9 688.89	9 800	259	13 459.89
辅助生产车间	房屋建筑物	850					850
	发电设备	12 000					12 000
	电子设备	1 450			12 650	333.33	1 116.67
	小计	14 300			12 650	333.33	13 966.67
行政管理部门	房屋建筑物	1 300					1 300
	办公设备	800	7 800	123.33			923.33
	运输设备	600					600
	小计	2 700	7 800	123.33			2 823.33
销售部门	房屋建筑物	1 220					1 220
	办公设备	280					280
	运输设备	1 040			56 000	460	580
	小计	2 540			56 000	460	2 080
合计		23 570	359 100	9 812.22	78 450	1 052.33	32 329.89

会计分录：

借：制造费用——基本生产车间   13 459.89

       ——辅助生产车间   13 966.67

  管理费用   2 823.33

  销售费用   2 080

 贷：累计折旧   32 329.89

【实训4】

（1）转入改良时：

借：在建工程   750 000

  累计折旧   200 000

  固定资产减值准备   50 000

  贷：固定资产   1 000 000

（2）取得变价收入：

借：银行存款   10 000

  贷：在建工程   10 000

（3）支付改扩建支出：

借：在建工程   460 000

  贷：银行存款   460 000

（4）扩建工程完工，达到预计使用状态时：

借：固定资产   1 200 000

  贷：在建工程   1 200 000

【实训5】

（1）固定资产转入清理：

借：固定资产清理   4 000

  累计折旧   170 000

  固定资产减值准备   5 000

  贷：固定资产——机床   179 000

（2）支付清理费用：

借：固定资产清理   500

  贷：库存现金   500

（3）回收残料：

借：原材料   2 300

  贷：固定资产清理   2 300

（4）结转清理净损益：

借：资产处置损益   2 200

  贷：固定资产清理   2 200

【实训6】

（1）审批前：

借：固定资产——甲设备   8 000

  贷：待处理财产损溢——待处理固定资产损溢   8 000

借：待处理财产损溢——待处理固定资产损溢 14 400

  累计折旧   35 600

  贷：固定资产——乙机器   50 000

（2）审批后：

借：待处理财产损溢——待处理固定资产损溢 8 000

  贷：以前年度损益调整   8 000

借：营业外支出   14 400

  贷：待处理财产损溢——待处理固定资产损溢 14 400

【实训7】

（1）2013年10月10日取得该设备时：

借：在建工程   806 100

  应交税费——应交增值税（进项税额） 136 550

  贷：银行存款   942 650

（2）设备安装时：

借：在建工程 71 300

 贷：原材料 50 000

  应付职工薪酬 21 300

设备达到预定可使用状态时：

借：固定资产 877 400

 贷：在建工程 877 400

（3）计提2014年度折旧：

2014年度该设备应计提的折旧额=（877 400-10 000）÷10=86 740（元）

借：管理费用 86 740

 贷：累计折旧 86 740

（4）2014年12月31日计提固定资产减值准备：

2014年12月31日该设备计提的固定资产减值准备=（877 400-86 740）-650 660=140 000（元）

借：资产减值损失 140 000

 贷：固定资产减值准备 140 000

（5）计提2015年度折旧：

2015年度该设备计提的折旧额=（650 660-10 000）÷9÷12×9=53 388.33（元）

借：管理费用 53 388.33

 贷：累计折旧 53 388.33

（6）2015年9月30日该设备转入改良时的会计分录：

借：在建工程 597 271.67

 累计折旧 140 128.33

 固定资产减值准备 140 000

 贷：固定资产 877 400

（7）2016年3月15日支付该设备改良价款：

借：在建工程 162 500

 贷：银行存款 162 500

2016年3月15日结转改良后设备成本：

借：固定资产 759 771.67

 贷：在建工程 759 771.67

（8）计算2017年度该设备计提的折旧额：

2017年度该设备计提的折旧额=（759 771.67-15 000）÷8÷12×10=77 580.38（元）

（9）2017年10月10日处置该设备时：

2016年度该设备计提的折旧额=（759 771.67-15 000）÷8÷12×9=69 822.34（元）

累计折旧额=69 822.34+77 580.38=147 402.72（元）

借：固定资产清理 612 368.95

 累计折旧 147 402.72

 贷：固定资产 759 771.67

借：银行存款 70 000

 贷：固定资产清理 70 000

借：银行存款 400 000

 贷：固定资产清理 400 000

借：固定资产清理 30 000

 贷：银行存款 30 000

| 借：营业外支出 | 172 368.95 | |
| 贷：固定资产清理 | | 172 368.95 |

第8章　无形资产、长期待摊费用及其他非流动资产

一、单项选择题

1.C　2.A　3.B　4.C　5.D　6.C

二、多项选择题

1.ABDE　2.ABCD　3.ACDE　4.ABCDE　5.BCD　6.ABCD

三、判断题

1.√　2.√　3.×　4.×　5.×　6.×　7.√　8.×　9.√　10.√　11.×　12.×　13.√

四、业务核算题

【业务核算题1】

（1）借：无形资产——专利技术	100 000	
应交税费——应交增值税（进项税额）	6 000	
贷：银行存款		106 000
（2）借：研发支出——费用化支出	59 000	
贷：原材料		23 000
应付职工薪酬——研发人员工资		31 000
累计折旧		5 000

月末：由于该研发支出属于研究阶段发生的费用，故计入当期损益。

借：管理费用	59 000	
贷：研发支出——费用化支出		59 000
（3）借：研发支出——资本化支出	99 100	
贷：原材料		30 000
应付职工薪酬——研发人员工资		56 000
累计折旧		8 600
银行存款		4 500

当项目开发完成，达到预定用途时，再将"资本化支出"转作"无形资产"。

（4）借：无形资产——土地使用权	2 600 000	
贷：股本——天海集团		2 600 000
（5）借：银行存款	159 000	
累计摊销	40 000	
无形资产减值准备	2 000	
资产处置损益	8 000	
贷：无形资产		200 000
应交税费——应交增值税（销项税额）		9 000
（6）借：累计摊销	130 000	
营业外支出	5 000	
贷：无形资产		135 000
（7）借：资产减值损失	3 200	
贷：无形资产减值准备		3 200
（8）借：管理费用——无形资产摊销	14 000	
贷：累计摊销		14 000

【业务核算题2】

（1）借：长期待摊费用　　　　　　　　　　　　　　　　　　　2 800 000

　　　贷：银行存款　　　　　　　　　　　　　　　　　　　　　　　2 800 000

（2）借：管理费用　　　　　　　　　　　　　　　　　　　　　120 000

　　　贷：长期待摊费用　　　　　　　　　　　　　　　　　　　　　120 000

第9章　投资性房地产

一、单项选择题

1.B　2.D　3.B　4.A　5.C　6.A　7.B　8.B　9.C　10.D　11.A　12.A　13.C　14.A　15.D　16.D　17.D　18.B　19.B　20.C

二、多项选择题

1.ABD　2.ABD　3.ABC　4.AB　5.AD　6.ACD　7.BD　8.BCD　9.ABD　10.ACD

三、判断题

1.×　2.√　3.√　4.×　5.×　6.×　7.√　8.×　9.×　10.×

四、计算分析题

【计算分析题1】

（1）借：投资性房地产　　　　　　　　　　　　　　　　　　　800

　　　　应交税费——应交增值税（进项税额）　　　　　　　　88

　　　贷：银行存款　　　　　　　　　　　　　　　　　　　　　　888

（2）2015年折旧额=（800-36）÷15×11÷12=46.69（万元）

　　借：其他业务成本　　　　　　　　　　　　　　　　　　　46.69

　　　贷：投资性房地产累计折旧　　　　　　　　　　　　　　　　46.69

（3）借：银行存款　　　　　　　　　　　　　　　　　　　　99.9

　　　贷：其他业务收入　　　　　　　　　　　　　　　　　　　　90

　　　　　应交税费——应交增值税（销项税额）　　　　　　　　　9.9

（4）2016年的折旧额=（800-36）÷15=50.93（万元）

2016年年末的账面价值=800-46.69-50.93=702.38（万元）

（5）截至2017年年末累计折旧额=46.69+50.93×2=148.55（万元）

　　借：固定资产　　　　　　　　　　　　　　　　　　　　800

　　　　投资性房地产累计折旧　　　　　　　　　　　　　148.55

　　　贷：投资性房地产　　　　　　　　　　　　　　　　　　　800

　　　　　累计折旧　　　　　　　　　　　　　　　　　　　　148.55

【计算分析题2】

（1）2015年1月1日转换为投资性房地产：

借：投资性房地产——成本　　　　　　　　　　　　　　2 200

　　贷：开发商品　　　　　　　　　　　　　　　　　　　　　2 000

　　　　其他综合收益　　　　　　　　　　　　　　　　　　　　200

（2）2015年12月31日：

收取租金：

借：银行存款　　　　　　　　　　　　　　　　　　　　111

　　贷：其他业务收入　　　　　　　　　　　　　　　　　　　100

　　　　应交税费——应交增值税（销项税额）　　　　　　　　11

公允价值变动：

借：公允价值变动损益　　　　　　　　　　　　　　　　　　　　　　50
　　贷：投资性房地产——公允价值变动　　　　　　　　　　　　　　　　50

（3）2016 年 12 月 31 日：

收取租金：

借：银行存款　　　　　　　　　　　　　　　　　　　　　　　　　111
　　贷：其他业务收入　　　　　　　　　　　　　　　　　　　　　　100
　　　　应交税费——应交增值税（销项税额）　　　　　　　　　　　　11

公允价值变动：

借：公允价值变动损益　　　　　　　　　　　　　　　　　　　　　　30
　　贷：投资性房地产——公允价值变动　　　　　　　　　　　　　　　30

（4）2017 年 12 月 31 日：

收取租金：

借：银行存款　　　　　　　　　　　　　　　　　　　　　　　　　111
　　贷：其他业务收入　　　　　　　　　　　　　　　　　　　　　　100
　　　　应交税费——应交增值税（销项税额）　　　　　　　　　　　　11

公允价值变动：

借：公允价值变动损益　　　　　　　　　　　　　　　　　　　　　　70
　　贷：投资性房地产——公允价值变动　　　　　　　　　　　　　　　70

（5）2018 年 1 月 5 日出售：

借：银行存款　　　　　　　　　　　　　　　　　　　　　　　　2 220
　　贷：其他业务收入　　　　　　　　　　　　　　　　　　　　2 000
　　　　应交税费——应交增值税（销项税额）　　　　　　　　　　　220

借：其他业务成本　　　　　　　　　　　　　　　　　　　　　　2 050
　　投资性房地产——公允价值变动　　　　　　　　　　　　　　　150
　　贷：投资性房地产——成本　　　　　　　　　　　　　　　　2 200

借：其他业务成本　　　　　　　　　　　　　　　　　　　　　　　150
　　贷：公允价值变动损益　　　　　　　　　　　　　　　　　　　　150

借：其他综合收益　　　　　　　　　　　　　　　　　　　　　　　200
　　贷：其他业务成本　　　　　　　　　　　　　　　　　　　　　　200

五、实训题

（1）借：投资性房地产——写字楼　　　　　　　　　　　　10 000 000
　　　　应交税费——应交增值税（进项税额）　　　　　　　1 100 000
　　　　贷：银行存款　　　　　　　　　　　　　　　　　　11 100 000

（2）每月计提折旧：

借：其他业务成本　　　　　　　　　　　　　　　　　　　41 666.67
　　贷：投资性房地产累计折旧　　　　　　　　　　　　　　41 666.67

（3）每月确认租金收入：

借：银行存款　　　　　　　　　　　　　　　　　　　　　125 000
　　贷：其他业务收入　　　　　　　　　　　　　　　　　112 612.61
　　　　应交税费——应交增值税（销项税额）　　　　　　　12 387.39

第10章　　　　　　　　　　　流动负债

一、单项选择题

1.A　2.D　3.B　4.B　5.A　6.C　7.C　8.A　9.C　10.D　11.D　12.B　13.C　14.D

二、多项选择题

1.BCE　2.ABCD　3.ABC　4.ABCDE　5.BCD　6.ABCD　7.ACD

三、判断题

1.×　2.×　3.×　4.×　5.√　6.×　7.√　8.×　9.×　10.√

四、业务核算题

【业务核算题1】

借入短期借款时：

借：银行存款		120 000
贷：短期借款		120 000

1、2月末，4、5月末，7、8月末计提利息的会计分录为：

借：财务费用（120 000×8%÷12）		800
贷：应付账款		800

（3、6、9月末支付利息的会计分录为：

借：应付利息		1 600
财务费用		800
贷：银行存款		2 400

10月1日收回本金的会计分录为：

借：短期借款		120 000
贷：银行存款		120 000

【业务核算题2】

（1）借：原材料		202 000
应交税费——应交增值税（进项税额）		34 220
贷：银行存款		236 220
（2）借：固定资产		20 000
应交税费——应交增值税（进项税额）		3 400
贷：银行存款		23 400
（3）借：待处理财产损溢		4 680
贷：原材料		4 000
应交税费——应交增值税（进项税额转出）		680
（4）借：银行存款		351 000
贷：主营业务收入		300 000
应交税费——应交增值税（销项税额）		51 000
（5）借：在建工程		40 000
应交税费——待抵扣进项税额（6 800×40%）		2 720
贷：原材料		40 000
应交税费——应交增值税（进项税额转出）		2 720
（6）借：原材料		80 000
应交税费——应交增值税（进项税额）		13 600
贷：实收资本		93 600

（7）本月应交增值税=（51 000+680+2 720）-（34 220+3 400+13 600）=3 180（元）

借：应交税费——应交增值税（已交税金）　　　　　　　　　　　　　　　3 180

　　贷：银行存款　　　　　　　　　　　　　　　　　　　　　　　　　　　　　　　3 180

【业务核算题3】

（1）借：原材料　　　　　　　　　　　　　　　　　　　　　　　　　　　200 000

　　　　应交税费——应交增值税（进项税额）　　　　　　　　　　　　　 34 000

　　　　　贷：应付票据　　　　　　　　　　　　　　　　　　　　　　　　　　　234 000

（2）借：财务费用　　　　　　　　　　　　　　　　　　　　　　　　　　　　500

　　　　　贷：银行存款　　　　　　　　　　　　　　　　　　　　　　　　　　　　　500

（3）借：应付票据　　　　　　　　　　　　　　　　　　　　　　　　　　234 000

　　　　　贷：银行存款　　　　　　　　　　　　　　　　　　　　　　　　　　　234 000

（4）借：应付票据　　　　　　　　　　　　　　　　　　　　　　　　　　234 000

　　　　　贷：短期借款　　　　　　　　　　　　　　　　　　　　　　　　　　　234 000

【业务核算题4】

（1）借：生产成本　　　　　　　　　　　　　　　　　　　　　　　　　　500 000

　　　　制造费用　　　　　　　　　　　　　　　　　　　　　　　　　　100 000

　　　　管理费用　　　　　　　　　　　　　　　　　　　　　　　　　　150 000

　　　　销售费用　　　　　　　　　　　　　　　　　　　　　　　　　　 75 000

　　　　在建工程　　　　　　　　　　　　　　　　　　　　　　　　　　100 000

　　　　研发支出——资本化支出　　　　　　　　　　　　　　　　　　　 75 000

　　　　　贷：应付职工薪酬——工资、奖金、津贴和补贴　　　　　　　　　1 000 000

（2）借：生产成本　　　　　　　　　　　　　　　　　　　　　　　　　　242 500

　　　　制造费用　　　　　　　　　　　　　　　　　　　　　　　　　　 48 500

　　　　管理费用　　　　　　　　　　　　　　　　　　　　　　　　　　 72 750

　　　　销售费用　　　　　　　　　　　　　　　　　　　　　　　　　　 36 375

　　　　在建工程　　　　　　　　　　　　　　　　　　　　　　　　　　 48 500

　　　　研发支出——资本化支出　　　　　　　　　　　　　　　　　　　 36 375

　　　　　贷：应付职工薪酬——社会保险费（医疗保险）　　　　　　　　　　110 000

　　　　　　　　　　　　　——社会保险（工伤保险）　　　　　　　　　　　 5 000

　　　　　　　　　　　　　——社会保险（生育保险）　　　　　　　　　　　10 000

　　　　　　　　　　　　　——设定提存计划（养老保险）　　　　　　　　 210 000

　　　　　　　　　　　　　——设定提存计划（失业保险）　　　　　　　　　15 000

　　　　　　　　　　　　　——住房公积金　　　　　　　　　　　　　　　 70 000

　　　　　　　　　　　　　——职工福利　　　　　　　　　　　　　　　　 20 000

　　　　　　　　　　　　　——工会经费　　　　　　　　　　　　　　　　 20 000

　　　　　　　　　　　　　——职工教育经费　　　　　　　　　　　　　　 25 000

（3）借：应付职工薪酬——工资　　　　　　　　　　　　　　　　　　　1 000 000

　　　　　贷：其他应收款　　　　　　　　　　　　　　　　　　　　　　　　 25 000

　　　　　　　应交税费——应交个人所得税　　　　　　　　　　　　　　　 30 000

　　　　　　　其他应付款——社会保险费　　　　　　　　　　　　　　　　105 000

　　　　　　　　　　　　——住房公积金　　　　　　　　　　　　　　　 70 000

　　　　　　　银行存款　　　　　　　　　　　　　　　　　　　　　　　　770 000

（4）借：生产成本　　　　　　　　　　　　　　　　　　　　　　　32 760

　　　　制造费用　　　　　　　　　　　　　　　　　　　　　　9 360

　　　　管理费用　　　　　　　　　　　　　　　　　　　　　　4 680

　　　　贷：应付职工薪酬——非货币性福利　　　　　　　　　　　　　　46 800

　　借：应付职工薪酬——非货币性福利　　　　　　　　　　　　　46 800

　　　贷：主营业务收入　　　　　　　　　　　　　　　　　　　　　40 000

　　　　　应交税费——应交增值税（销项税额）　　　　　　　　　　　6 800

　　借：主营业务成本　　　　　　　　　　　　　　　　　　　　36 000

　　　贷：库存商品　　　　　　　　　　　　　　　　　　　　　　　36 000

（5）借：管理费用　　　　　　　　　　　　　　　　　　　　　　60 000

　　　　贷：应付职工薪酬——非货币性福利　　　　　　　　　　　　　60 000

　　借：应付职工薪酬——非货币性福利　　　　　　　　　　　　60 000

　　　贷：累计折旧　　　　　　　　　　　　　　　　　　　　　　　20 000

　　　　　银行存款　　　　　　　　　　　　　　　　　　　　　　　40 000

第11章　　　　　非流动负债

一、单项选择题

1.C　2.B　3.B　4.B　5.C　6.A　7.B

二、多项选择题

1.ABC　2.BD　3.ABC　4.AB　5.AB

三、判断题

1.×　2.×　3.×　4.×　5.×

四、业务核算题

【业务核算题1】

（1）按面值发行债券：

借：银行存款　　　　　　　　　　　　　　　　　　　　　　　2 000 000

　　贷：应付债券——面值　　　　　　　　　　　　　　　　　　　　2 000 000

（2）2016年6月30日计提利息时：

借：在建工程（2 000 000×6%÷2×60%）　　　　　　　　　　　36 000

　　财务费用（60 000-36 000）　　　　　　　　　　　　　　　24 000

　　贷：应付债券——应计利息（2 000 000×6%÷2）　　　　　　　　60 000

（3）2016年12月31日计提利息时：

借：在建工程（60 000×90%）　　　　　　　　　　　　　　　54 000

　　财务费用（60 000-54 000）　　　　　　　　　　　　　　　6 000

　　贷：应付债券——应计利息（2 000 000×6%÷2）　　　　　　　　60 000

（4）2017年6月30日和2017年12月31日计提利息时：

借：财务费用　　　　　　　　　　　　　　　　　　　　　　　60 000

　　贷：应付债券——应计利息（2 000 000×6%÷2）　　　　　　　　60 000

（5）2018年1月1日还本付息时：

借：应付债券——面值　　　　　　　　　　　　　　　　　　　2 000 000

　　　　　——应计利息（2 000 000×6%×2）　　　　　　　　　240 000

　　贷：银行存款　　　　　　　　　　　　　　　　　　　　　　　2 240 000

【业务核算题2】

（1）2017年1月1日发行债券：

借：银行存款	1 961.92	
应付债券——利息调整	38.08	
贷：应付债券——面值		2 000

（2）2017年6月30日计提利息利息费用=1 961.92×2%=39.24（万元）

借：在建工程	39.24	
贷：应付利息		30
应付债券——利息调整		9.24

（3）2017年7月1日支付利息：

借：应付利息	30	
贷：银行存款		30

（4）2017年12月31日计提利息：

利息费用=（1 961.92＋9.24）×2%=39.42（万元）

借：财务费用	39.42	
贷：应付利息		30
应付债券——利息调整		9.42

（5）2018年1月1日支付利息：

借：应付利息	30	
贷：银行存款		30

（6）2018年6月30日计提利息利息费用=（1 961.92＋9.24＋9.42）×2%=39.61（万元）

借：财务费用	39.61	
贷：应付利息		30
应付债券——利息调整		9.61

（7）2018年7月1日支付利息：

借：应付利息	30	
贷：银行存款		30

（8）2018年12月31日计提利息尚未摊销的"利息调整"余额=38.08-9.24-9.42-9.61=9.81（万元）

利息费用=30＋9.81=39.81（万元）

借：财务费用	39.81	
贷：应付利息		30
应付债券——利息调整		9.81

（9）2019年1月1日支付利息和本金：

借：应付债券——债券面值	2 000	
应付利息	30	
贷：银行存款		2 030

第12章　所有者权益

一、单项选择题

1.A　2.A　3.C　4.D　5.B　6.C　7.C　8.A　9.C　10.B　11.B　12.A　13.A　14.D　15.C　16.D　17.B　18.C　19.D　20.D　21.A　22.A　23.B　24.C　25.B

二、多项选择题

1.ABCD　2.BCD　3.BD　4.ABD　5.ABCD　6.BC　7.ABC　8.ABC　9.ACD　10.AD　11.ACD

12.ACD　13.ABC　14.ABCD　15.ABC

三、判断题

1.×　2.√　3.×　4.×　5.√　6.×　7.×　8.×　9.√　10.×　11.×　12.×　13.√　14.√　15.×

四、计算分析题

【计算分析题1】

(1) 借：银行存款　　　　　　　　　　　　　　　　　　　　360 000

　　　贷：实收资本——丙　　　　　　　　　　　　　　　　　　　　200 000

　　　　　资本公积——资本溢价　　　　　　　　　　　　　　　　　160 000

借：原材料　　　　　　　　　　　　　　　　　　　　　318 000

　　应交税费——应交增值税（进项税额）　　　　　　　54 060

　　贷：实收资本——丁　　　　　　　　　　　　　　　　　　　　200 000

　　　　资本公积——资本溢价　　　　　　　　　　　　　　　　172 060

(2) 资本公积的期末余额=4 000+160 000+172 060=336 060（元）

【计算分析题2】

(1) 借：银行存款　　　　　　　　　　　　　　　　　　200 000 000

　　　贷：股本　　　　　　　　　　　　　　　　　　　　　　　　50 000 000

　　　　　资本公积——股本溢价　　　　　　　　　　　　　　　150 000 000

(2) 借：资本公积　　　　　　　　　　　　　　　　　　　3 000 000

　　　贷：股本　　　　　　　　　　　　　　　　　　　　　　　　3 000 000

(3) 借：库存股　　　　　　　　　　　　　　　　　　　　4 000 000

　　　贷：银行存款　　　　　　　　　　　　　　　　　　　　　　4 000 000

借：股本　　　　　　　　　　　　　　　　　　　　　　2 000 000

　　资本公积　　　　　　　　　　　　　　　　　　　　2 000 000

　　贷：库存股　　　　　　　　　　　　　　　　　　　　　　　4 000 000

【计算分析题3】

(1) ①2017年结转净利润：

借：本年利润　　　　　　　　　　　　　　　　　　　　　　200

　　贷：利润分配——未分配利润　　　　　　　　　　　　　　　　200

②提取法定盈余公积、任意盈余公积、宣告派发股利：

借：利润分配——提取法定盈余公积　　　　　　　　　　　　20

　　　　　　——提取任意盈余公积　　　　　　　　　　　　40

　　　　　　——应付现金股利　　　　　　　　　　　　　180

　　贷：盈余公积——法定盈余公积　　　　　　　　　　　　　　20

　　　　　　　　——任意盈余公积　　　　　　　　　　　　　　40

　　　　应付股利　　　　　　　　　　　　　　　　　　　　180

③结转利润分配明细账户：

借：利润分配——未分配利润　　　　　　　　　　　　　　240

　　贷：利润分配——提取法定盈余公积　　　　　　　　　　　　20

　　　　　　　　——提取任意盈余公积　　　　　　　　　　　　40

　　　　　　　　——应付现金股利　　　　　　　　　　　　　180

(2) 2017年年末未分配利润=100+200-240=60（万元）

(3) 借：应付股利　　　　　　　　　　　　　　　　　　　　180

　　　贷：银行存款　　　　　　　　　　　　　　　　　　　　　　180

【计算分析题4】

（1）甲公司2011年3月提取法定盈余公积：

借：利润分配——提取法定盈余公积 40

　　贷：盈余公积——法定盈余公积 40

借：利润分配——未分配利润 40

　　贷：利润分配——提取法定盈余公积 40

（2）甲公司2011年5月宣告分派现金股利：

借：利润分配——应付现金股利 300

　　贷：应付股利 300

借：利润分配——未分配利润 300

　　贷：利润分配——应付现金股利 300

（3）甲公司2011年6月资本公积转增股本：

借：资本公积 4 000

　　贷：股本 4 000

（4）甲公司2011年度结转当年净亏损：

借：利润分配——未分配利润 3 142

　　贷：本年利润 3 142

（5）2017年度应交所得税=600×25%=150（万元）

借：所得税费用 150

　　贷：应交税费——应交所得税 150

借：本年利润 150

　　贷：所得税费用 150

借：本年利润（600-150） 450

　　贷：利润分配——未分配利润 450

（6）未弥补亏损=（500+400-40-300）-3 142+（200+300+400+500+600）+450=-132（万元）（亏损）

（7）甲公司2018年5月以法定盈定公积弥补亏损：

借：盈余公积——法定盈余公积 132

　　贷：利润分配——盈余公积补亏 132

借：利润分配——盈余公积补亏 132

　　贷：利润分配——未分配利润 132

五、实训题

【实训1】

（1）接受货币资金投资：

借：银行存款 1 000 000

　　贷：实收资本——开元投资有限公司 1 000 000

（2）接受固定资产投资：

借：固定资产 683 760.68

　　应交税费——应交增值税（进项税额） 116 239.32

　　贷：实收资本——南瑞投资有限公司 800 000

（3）接受原材料投资：

借：原材料——钢材 598 290.60

　　应交税费——应交增值税（进项税额） 101 709.40

　　贷：实收资本——开普投资有限公司 700 000

【实训2】

收到发行款= 30 000 000×3= 90 000 000（元）

应记入"股本"科目的金额= 30 000 000×1= 30 000 000（元）

应记入"资本公积"科目的金额=90 000 000–30 000 000=60 000 000（元）

借：银行存款		90 000 000
贷：股本		30 000 000
资本公积——股本溢价		60 000 000

第13章　　　　　　　　收入和费用

一、单项选择题

1.A　2.D　3.C　4.A　5.D　6.C　7.C　8.B　9.A　10.A　11.D　12.A　13.D　14.A　15.B　16.D　17.A　18.C　19.A　20.A

二、多项选择题

1.ABD　2.BC　3.ABC　4.ABCD　5.ABC　6.ABCD　7.CD　8.BD　9.ABC　10.AC　11.ABCDE　12.ACDE　13.ABCE　14.ABCDE　15.ABDE　16.BCD　17.BC　18.ACE　19.ABE　20.ACD

三、判断题

1.×　2.×　3.√　4.√　5.×　6.×　7.×　8.√　9.×　10.×　11.√　12.×　13.√　14.√　15.√　16.×　17.√　18.×　19.×　20.×

四、业务核算题

【业务核算题1】

会计分录如下：

（1）销售商品时：

借：应收账款——乙企业	117 000
贷：主营业务收入	100 000
应交税费——应交增值税（销项税额）	17 000

假设11月9日收到货款：

借：银行存款	115 000
财务费用	2 000
贷：应收账款	117 000

（2）假设11月19日收到货款：

借：银行存款	116 000
财务费用	1 000
贷：应收账款	117 000

（3）假设12月1日收到货款：

借：银行存款	117 000
贷：应收账款	117 000

【业务核算题2】

（1）2017年度应确认的收入=500 000×80%=400 000（元）

2017年度应确认的费用=350 000×80%=280 000（元）

（2）编制会计分录如下：

①预收账款时：

借：银行存款	250 000
贷：预收账款	250 000

②发生成本时：

| 借：劳务成本 | 300 000 | |
| 贷：银行存款 | | 300 000 |

③确认本年收入时：

| 借：预收账款 | 400 000 | |
| 贷：主营业务收入 | | 400 000 |

④确认本年成本时：

| 借：主营业务成本 | 280 000 | |
| 贷：劳务成本 | | 280 000 |

【业务核算题3】

会计处理如下：

（1）
借：应收票据	5 850 000	
贷：主营业务收入		5 000 000
应交税费——应交增值税（销项税额）		850 000

| 借：主营业务成本 | 1 000 000 | |
| 贷：库存商品 | | 1 000 000 |

（2）
借：银行存款	117 000	
贷：其他业务收入		100 000
应交税费——应交增值税（销项税额）		17 000

| 借：其他业务成本 | 60 000 | |
| 贷：原材料 | | 60 000 |

（3）
借：银行存款	106 000	
贷：其他业务收入		100 000
应交税费——应交增值税（进项税额）		6 000

| 借：其他业务成本 | 1 500 | |
| 贷：库存现金 | | 1 500 |

（4）
借：主营业务收入	50 000	
应交税费——应交增值税（销项税额）	8 500	
贷：银行存款		57 500
财务费用		1 000

| 借：库存商品 | 26 000 | |
| 贷：主营业务成本 | | 26 000 |

【业务核算题4】

（1）发出产品时：

借：应收账款	234 000	
贷：主营业务收入		200 000
应交税费——应交增值税（销项税额）		34 000

| 借：主营业务成本 | 180 000 | |
| 贷：库存商品 | | 180 000 |

（2）收回第1期款项：

| 借：银行存款 | 93 600 | |
| 贷：应收账款 | | 93 600 |

【业务核算题5】

①甲公司（委托方）的会计处理：

发出委托代销商品：

借：应收账款——乙公司   234 000

  贷：主营业务收入   200 000

    应交税费——应交增值税（销项税额）   34 000

借：主营业务成本   150 000

  贷：库存商品   150 000

甲公司收到代销清单及货款：

借：银行存款   234 000

  贷：应收账款——乙公司   234 000

②乙公司（受托方）的会计处理：

乙公司收到商品时：

借：库存商品   200 000

    应交税费——应交增值税（进项税额）   34 000

  贷：应付账款——甲公司   234 000

乙公司实际销售时：

借：银行存款   269 100

  贷：主营业务收入   230 000

    应交税费——应交增值税（销项税额）   39 100

借：主营业务成本   200 000

  贷：库存商品   200 000

按合同协议价将款项付给甲公司时：

借：应付账款——甲公司   234 000

  贷：银行存款   234 000

【业务核算题6】

①甲公司（委托方）的会计处理：

发出委托代销商品：

借：委托代销商品   30 000

  贷：库存商品   30 000

甲公司收到代销清单时：

借：应收账款——乙公司   46 800

  贷：主营业务收入   40 000

    应交税费——应交增值税（销项税额）   6 800

借：主营业务成本   30 000

  贷：委托代销商品   30 000

借：销售费用   3 200

  贷：应收账款——乙公司   3 200

收到乙公司汇来的扣除手续费后的其余货款时：

借：银行存款   43 600

  贷：应收账款——乙公司   43 600

②乙公司（受托方）的会计处理：

乙公司收到商品时：

借：受托代销商品 40 000
　　贷：受托代销商品款 40 000
乙公司实际销售时：
借：银行存款 46 800
　　贷：应付账款——甲公司 40 000
　　　　应交税费——应交增值税（销项税额） 6 800
借：应交税费——应交增值税（进项税额） 6 800
　　贷：应付账款——甲公司 6 800
借：受托代销商品款 40 000
　　贷：受托代销商品 40 000
将扣除代销手续费后的其余货款汇给甲公司时：
借：应付账款——甲公司 46 800
　　贷：银行存款 43 600
　　　　其他业务收入 3 200

【业务核算题7】
甲公司的账务处理如下：
发出商品并收到货款时：
借：银行存款 702 000
　　贷：应交税费——应交增值税（销项税额） 102 000
　　　　其他应付款 600 000
4—8月各月计提利息费用时：
每月计提的利息费用=（620 000-600 000）÷5=4 000（元）
借：财务费用 4 000
　　贷：其他应付款 4 000
9月1日，甲公司回购该商品时：
借：其他应付款 620 000
　　应交税费——应交增值税（进项税额） 105 400
　　贷：银行存款 725 400

【业务核算题8】
甲公司编制会计分录如下：
12月5日，售出商品时：
借：应收账款 1 872 000
　　贷：主营业务收入 1 600 000
　　　　应交税费——应交增值税（销项税额） 272 000
借：主营业务成本 1 200 000
　　贷：库存商品 1 200 000
12月18日，收到货款时：
借：银行存款 1 840 000
　　财务费用 32 000
　　贷：应收账款 1 872 000

【业务核算题9】
甲公司应编制会计分录如下：
销货时：

借：应收账款——乙公司 210 600
 贷：主营业务收入 180 000
  应交税费——应交增值税（销项税额） 30 600
借：主营业务成本 160 000
 贷：库存商品 160 000
收到银行转来的收款通知时：
借：银行存款 210 600
 贷：应收账款——甲公司 210 600

【业务核算题10】
实现销售时：
借：应收账款 117 000
 贷：主营业务收入 100 000
  应交税费——应交增值税（销项税额） 17 000
借：主营业务成本 70 000
 贷：库存商品 70 000
发生销售折让时：
借：主营业务收入 10 000
 应交税费——应交增值税（销项税额） 1 700
 贷：应收账款 11 700
实际收到货款时：
借：银行存款 105 300
 贷：应收账款 105 300

【业务核算题11】
编制会计分录如下：
借：销售费用 57 000
 贷：应付职工薪酬——工资 50 000
  ——职工福利 7 000

【业务核算题12】
编制会计分录如下：
借：销售费用 30 000
 应交税费——应交增值税（进项税额） 1 800
 贷：应付账款 31 800

【业务核算题13】
编制会计分录如下：
借：管理费用 9 000
 贷：应付职工薪酬——工会经费 4 000
  ——职工教育经费 5 000

【业务核算题14】
借：管理费用 45 600
 贷：应付职工薪酬——工资 40 000
  ——职工福利 5 600

【业务核算题15】
借：税金及附加 15 000

贷：应交税费——应交房产税	9 000
——应交车船税	6 000

【业务核算题16】

借：财务费用	2 000
贷：银行存款	2 000

五、实训题

（1）①销售商品时：

借：应收票据——A企业	11 700
贷：主营业务收入	10 000
应交税费——应交增值税（销项税额）	1 700

②结转销售成本：

借：主营业务成本	7 000
贷：库存商品	7 000

③计提应交消费税：

借：税金及附加	500
贷：应交税费——应交消费税	500

（2）

借：应收账款——B企业	146 750
贷：主营业务收入	125 000
应交税费——应交增值税（销项税额）	21 250
银行存款	500

（3）销售商品时：

借：银行存款	936 000
贷：主营业务收入	800 000
应交税费——应交增值税（销项税额）	136 000

同时，结转销售成本：

借：主营业务成本	500 000
贷：库存商品	500 000

（4）①发出商品时：

借：发出商品	70 000
贷：库存商品	70 000

②将增值税专用发票上的增值税额转入应收账款（如果销售该商品的纳税义务尚未发生，则不编制这笔分录，待纳税义务发生时再编制应交增值税的分录）：

借：应收账款——D公司	17 000
贷：应交税费——应交增值税（销项税额）	17 000

③2个月后D公司承诺付款时，企业确认收入：

借：应收账款——D公司	100 000
贷：主营业务收入	100 000

同时，结转成本：

借：主营业务成本	70 000
贷：发出商品	70 000

④收到款项时：

借：银行存款	117 000
贷：应收账款——D公司	117 000

（5）①发出商品时：

借：发出商品 160 000

　贷：库存商品 160 000

②将增值税专用发票上的增值税额转入应收账款：

借：应收账款——D公司 34 000

　贷：应交税费——应交增值税（销项税额） 34 000

③预收40%货款时：

借：银行存款 80 000

　贷：预收账款——D公司 80 000

④次年1月安装完成确认收入并收到款项时：

借：预收账款——D公司 200 000

　贷：主营业务收入 200 000

同时，结转成本：

借：主营业务成本 160 000

　贷：发出商品 160 000

收回余款：

借：银行存款 154 000

　贷：预收账款——D公司 120 000

　　　应收账款——D公司 34 000

（6）①销售商品时：

借：银行存款 140 400

　　应收账款——B企业 210 600

　贷：主营业务收入 300 000

　　　应交税费——应交增值税（销项税额） 51 000

同时，结转销售成本：

借：主营业务成本 250 000

　贷：库存商品 250 000

②收取余款时：

借：银行存款 210 600

　贷：应收账款——B企业 210 600

（7）①预收货款时：

借：银行存款 10 000

　贷：预收账款 10 000

②发出商品时确认收入：

借：预收账款 14 040

　贷：主营业务收入 12 000

　　　应交税费——应交增值税（销项税额） 2 040

③收到购货方补付的货款时：

借：银行存款 4 040

　贷：预收账款 4 040

（8）①发出商品时：

借：发出商品 7 000

　贷：库存商品 7 000

②退货期满后：

借：银行存款（或应收账款）	9 360
贷：主营业务收入	8 000
应交税费——应交增值税（销项税额）	1 360

同时，结转销售成本：

借：主营业务成本	5 600
库存商品	1 400
贷：发出商品	7 000

第14章　利　润

一、单项选择题

1.C　2.C　3.B　4.D　5.C　6.D　7.B　8.C　9.A　10.D　11.B　12.A　13.B　14.D　15.B　16.A　17.C　18.C　19.D　20.C

二、多项选择题

1.AB　2.ABC　3.ACD　4.ACD　5.ABD　6.BCD　7.AC　8.AD　9.BC　10.BC　11.AB　12.CD　13.ABCD　14.ABCD　15.AD　16.ACD　17.AB　18.AB　19.AB　20.ABCD

三、判断题

1.×　2.×　3.√　4.√　5.×　6.√　7.×　8.√　9.√　10.√　11.×　12.×　13.×　14.√　15.×　16.√　17.×　18.√　19.√　20.√

四、计算分析题

【计算分析题1】

应纳税所得额=5 000 000−55 000+5 000=4 950 000（元）

应交所得税=4 950 000×25%=1 237 500（元）

| 借：所得税费用 | 1 237 500 |
| 贷：应交税费——应交所得税 | 1 237 500 |

【计算分析题2】

（1）结转收入类账户余额：

借：主营业务收入	35 000 000
其他业务收入	250 000
投资收益	200 000
营业外收入	12 000
贷：本年利润	35 462 000

结转成本、费用类账户余额：

借：本年利润	32 836 203
贷：主营业务成本	28 750 000
税金及附加	116 875
其他业务成本	165 225
管理费用	1 560 000
销售费用	738 800
财务费用	156 000
营业外支出	56 000
所得税费用	1 293 303

（2）计算并结转本年净利润：

借：本年利润   2 625 797

  贷：利润分配——未分配利润   2 625 797

（3）进行利润分配：

借：利润分配——提取法定盈余公积   262 579.70

         ——提取任意盈余公积   131 289.85

         ——应付现金股利   1 800 000

  贷：盈余公积——法定盈余公积   262 579.70

         ——任意盈余公积   131 289.85

    应付股利   1 800 000

借：利润分配——未分配利润   2 193 869.55

  贷：利润分配——提取法定盈余公积   262 579.70

         ——提取任意盈余公积   131 289.85

         ——应付现金股利   1 800 000

【计算分析题3】

（1）将收支总额结转本年利润：

借：主营业务收入   112 800 000

    其他业务收入   28 200 000

    投资收益   33 840 000

    营业外收入   5 640 000

  贷：本年利润   180 480 000

借：本年利润   158 520 000

  贷：主营业务成本   75 200 000

    其他业务成本   18 800 000

    税金及附加   3 760 000

    销售费用   17 860 000

    管理费用   12 220 000

    财务费用   5 640 000

    营业外支出   16 920 000

    所得税费用   8 120 000

（2）结转净利润：

借：本年利润   21 960 000

  贷：利润分配——未分配利润   21 960 000

（3）提取法定盈余公积：

借：利润分配——提取法定盈余公积   2 196 000

  贷：盈余公积——法定盈余公积   2 196 000

（4）分配现金股利：

借：利润分配——应付现金股利   5 500 000

  贷：盈余公积——法定盈余公积   5 500 000

（5）结转利润分配：

借：利润分配——未分配利润   7 696 000

  贷：利润分配——提取法定盈余公积   2 196 000

         ——应付现金股利   5 500 000

（6）计算利润表中的营业利润、利润总额和净利润项目：

营业利润=11 280+2 820-7 520-1 880-376-1 786-1 222-564+3 384=4 136（万元）

利润总额=4 136+564-1 692=3 008（万元）

净利润=3 008-812=2 196（万元）

【计算分析题4】

（1）计算当期所得税、应纳税暂时性差异、可抵扣暂时性差异、递延所得税负债、递延所得税资产、递延所得税和所得税费用：

当期所得税=256×25%=64（万元）

应纳税暂时性差异=96-72=24（万元）

可抵扣暂时性差异=32-0=32（万元）

递延所得税负债=24×25%=6（万元）

递延所得税资产=32×25%=8（万元）

递延所得税=6-8=-2（万元）

所得税费用=64-2=62（万元）

（2）编制确认所得税费用的会计分录：

借：所得税费用	620 000	
递延所得税资产	80 000	
贷：应交税费——应交所得税		640 000
递延所得税负债		60 000

【计算分析题5】

（1）编制的所得税费用确认明细表如下：

所得税费用确认明细表
单位：万元

项目	2013年	2014年	2015年	2016年	2017年
固定资产原价	1 000	1 000	1 000	1 000	1 000
已计提的资产减值准备		112.5	112.5	112.5	112.5
会计累计折旧	199	398	559.5	721	882.5
账面价值	801	489.5	328	166.5	5
纳税累计折旧	400	640	784	889.5	995
计税基础	600	360	216	110.5	5
应纳税暂时性差异	201	129.5	112	56	0
递延所得税负债期末余额	50.25	32.375	28	14	0
当期确认的递延所得税负债	50.25	-17.875	-4.375	-14	-14
递延所得税	50.25	-17.875	-4.375	-14	-14
当期所得税	156.25	200	212.5	220	225
所得税费用	206.5	182.125	208.125	206	211

（2）编制各年确认所得税费用的会计分录：

①2013年：

借：所得税费用	2 065 000	
贷：应交税费——应交所得税		1 562 500
递延所得税负债		502 500

②2014年：

借：所得税费用	1 821 250	
递延所得税负债	178 750	
贷：应交税费——应交所得税		2 000 000

③2015年：

借：所得税费用   2 081 250

  递延所得税负债   43 750

  贷：应交税费——应交所得税   2 125 000

④2016年：

借：所得税费用   2 060 000

  递延所得税负债   140 000

  贷：应交税费——应交所得税   2 200 000

⑤2017年：

借：所得税费用   2 110 000

  递延所得税负债   140 000

  贷：应交税费——应交所得税   2 250 000

【计算分析题6】

（1）编制的所得税费用确认明细表如下：

所得税费用确认明细表

单位：万元

项目	2012年	2013年	2014年	2015年	2016年	2017年
固定资产原价	210	210	210	210	210	210
会计累计折旧	35	70	105	140	175	210
账面价值	175	140	105	70	35	0
纳税累计折旧	60	110	150	180	200	210
计税基础	150	10	60	30	10	0
应纳税暂时性差异	25	40	45	40	25	0
递延所得税负债期末余额	6.25	10	11.25	10	6.25	0
当期确认的递延所得税负债	6.25	3.75	1.25	-1.25	-3.75	-6.25

（2）编制各年确认所得税费用的会计分录：

（1）2012年资产负债表日：

①账面价值=210-210÷6=175（万元）

②计税基础=210-210×6÷21=150（万元）

③因账面价值175万元大于其计税基础150万元，两者之间产生的25万元的差异，会增加未来期间的应纳税所得额和应交所得税，属于应纳税暂时性差异。

④"递延所得税负债"期末余额=25×25%=6.25（万元）

⑤"递延所得税负债"发生额=6.25-0=6.25（万元）

借：所得税费用   62 500

  贷：递延所得税负债   62 500

（2）2013年资产负债表日：

①账面价值=210-35×2=140（万元）

②计税基础=210-60-50=100（万元）

③因账面价值140万元大于其计税基础100万元，两者之间的差额为应纳税暂性差异40万元。

④"递延所得税负债"期末余额=40×25%=10（万元）

⑤"递延所得税负债"发生额=10-6.25=3.75（万元）

借：所得税费用   37 500

  贷：递延所得税负债   37 500

（3）2014年资产负债表日：

①账面价值=210-35×3=105（万元）

②计税基础=210-60-50-40=60（万元）

③因账面价值105万元大于其计税基础60万元，两者之间的差额为应纳税暂时性差异45万元。

④"递延所得税负债"期末余额=45×25%=11.25（万元）

⑤"递延所得税负债"发生额=11.25-10=1.25（万元）

借：所得税费用　　　　　　　　　　　　　　　　　　　　　　　　　　12 500

　　贷：递延所得税负债　　　　　　　　　　　　　　　　　　　　　　　12 500

（4）2015年资产负债表日：

①账面价值=210-35×4=70（万元）

②计税基础=60-210×3÷21=30（万元）

③因其账面价值70万元大于其计税基础30万元，两者之间的差额为应纳税暂时性差异40万元。

④"递延所得税负债"期末余额=40×25%=10（万元）

⑤"递延所得税负债"发生额=10-11.25=-1.25（万元）

借：递延所得税负债　　　　　　　　　　　　　　　　　　　　　　　　12 500

　　贷：所得税费用　　　　　　　　　　　　　　　　　　　　　　　　12 500

（5）同理，2016年资产负债表日：

借：递延所得税负债　　　　　　　　　　　　　　　　　　　　　　　　37 500

　　贷：所得税费用　　　　　　　　　　　　　　　　　　　　　　　　37 500

2017年资产负债表日：

借：递延所得税负债　　　　　　　　　　　　　　　　　　　　　　　　62 500

　　贷：所得税费用　　　　　　　　　　　　　　　　　　　　　　　　62 500

【计算分析题7】

各年递延所得税负债的余额和发生额计算如下：

所得税费用确认明细账

单位：元

项目	2013年	2014年	2015年	2016年	2017年
固定资产原价	10 000	10 000	10 000	10 000	10 000
会计累计折旧	2 000	4 000	6 000	8 000	10 000
账面价值	8 000	6 000	4 000	2 000	0
纳税累计折旧	4 000	6 400	7 840	8 920	10 000
计税基础	6 000	3 600	2 160	1 080	0
应纳税暂时性差异	2 000	2 400	1 840	920	0
递延所得税负债期末余额	500	600	460	230	0
当期确认的递延所得税负债	500	100	-140	-230	-230
递延所得税	500	100	-140	-230	-230
当期所得税	125 000	125 000	125 000	125 000	125 000
所得税费用	125 500	125 100	124 860	124 770	124 770

各年确认所得税费用的会计分录如下：

（1）2013年资产负债表日：

借：所得税费用　　　　　　　　　　　　　　　　　　　　　　　　125 500

　　贷：应交税费——应交所得税　　　　　　　　　　　　　　　　125 000

　　　　递延所得税负债　　　　　　　　　　　　　　　　　　　　　　500

（2）2014年资产负债表日：

借：所得税费用　　　　　　　　　　　　　　　　　　　　　　　　125 100

　　贷：应交税费——应交所得税　　　　　　　　　　　　　　　　125 000

　　　　递延所得税负债　　　　　　　　　　　　　　　　　　　　　　100

（3）2015年资产负债表日：

借：所得税费用　　　　　　　　　　　　　　　　　　　　　　　　124 860

　　　递延所得税负债　　　　　　　　　　　　　　　　　　　　　　140

　　　　贷：应交税费——应交所得税　　　　　　　　　　　　　　　　　125 000
　　（4）2016年资产负债表日：
　　　　借：所得税费用　　　　　　　　　　　　　　　　　124 770
　　　　　　递延所得税负债　　　　　　　　　　　　　　　　　230
　　　　　　贷：应交税费——应交所得税　　　　　　　　　　　　　　125 000
　　（5）2017年资产负债表日：
　　　　借：所得税费用　　　　　　　　　　　　　　　　　124 770
　　　　　　递延所得税负债　　　　　　　　　　　　　　　　　230
　　　　　　贷：应交税费——应交所得税　　　　　　　　　　　　　　125 000

【计算分析题8】
　　步骤一，计算2017年度当期应交所得税：
　　应纳税所得额=1 200+60+200+100+30=1 590（万元）
　　应交所得税=1 590×25%=397.5（万元）
　　步骤二，计算2017年度递延所得税：

2017年资产负债表资产、负债账面价值与计税基础比较表　　　　单位：万元

项目	账面价值	计税基础	应纳税暂时性差异	可抵扣暂时性差异
存货	800	830		30
固定资产原价	600	600		
减：累计折旧	120	60		
固定资产账面价值	480	540		60
其他应付款	100	100		
总计			0	90

　　递延所得税费用=0−90×25%=−22.5（万元）
　　步骤三，计算利润表中应确认的所得税费用：
　　所得税费用=397.5−22.5=375（万元）
　　　　借：所得税费用　　　　　　　　　　　　　　　　　375
　　　　　　递延所得税资产　　　　　　　　　　　　　　　　22.50
　　　　　　贷：应交税费——应交所得税　　　　　　　　　　　　397.50

五、实训题
【实训1】
　　借：主营业务收入　　　　　　　　　　　　　　　50 000 000
　　　　其他业务收入　　　　　　　　　　　　　　　2 000 000
　　　　营业外收入　　　　　　　　　　　　　　　　400 000
　　　　投资收益　　　　　　　　　　　　　　　　　300 000
　　　　贷：本年利润　　　　　　　　　　　　　　　　　52 700 000
　　借：本年利润　　　　　　　　　　　　　　　　　32 700 000
　　　　贷：主营业务成本　　　　　　　　　　　　　　　28 000 000
　　　　　　其他业务成本　　　　　　　　　　　　　　　1 000 000
　　　　　　税金及附加　　　　　　　　　　　　　　　　500 000
　　　　　　销售费用　　　　　　　　　　　　　　　　　300 000
　　　　　　管理费用　　　　　　　　　　　　　　　　　1 200 000
　　　　　　财务费用　　　　　　　　　　　　　　　　　250 000
　　　　　　资产减值损失　　　　　　　　　　　　　　　600 000
　　　　　　营业外支出　　　　　　　　　　　　　　　　700 000

贷：公允价值变动损益 150 000

营业利润=（5 000+200）-（2 800+100）-50-30-120-25-60-15+30=2 030（万元）

利润总额=2 030+40-70=2 000（万元）

所得税费用=2 000×25%=500（万元）

借：所得税费用——当期所得税费用 5 000 000
　　贷：应交税费——应交所得税 5 000 000
借：本年利润 5 000 000
　　贷：所得税费用——当期所得税费用 5 000 000

净利润=2 000-500=1 500（万元）

【实训2】

所得税费用确认明细账

单位：元

年份	2014 年	2015 年	2016 年	2017 年
固定资产原价	42 000	42 000	42 000	42 000
会计累计折旧	10 000	20 000	30 000	40 000
账面价值	32 000	22 000	12 000	2 000
纳税累计折旧	20 000	40 000	40 000	40 000
计税基础	22 000	2 000	2 000	2 000
应纳税暂时性差异	10 000	20 000	10 000	0
递延所得税负债期末余额	2 500	5 000	2 500	0
当期确认的递延所得税负债	2 500	2 500	-2 500	-2 500
递延所得税	2 500	2 500	-2 500	-2 500
当期所得税	50 000	50 000	50 000	50 000
所得税费用	52 500	52 500	47 500	47 500

2014年资产负债表日：
借：所得税费用——当期所得税费用 52 500
　　贷：应交税费——应交所得税 50 000
　　　　递延所得税负债 2 500

2015年资产负债表日：
借：所得税费用——当期所得税费用 52 500
　　贷：应交税费——应交所得税 50 000
　　　　递延所得税负债 2 500

2016年资产负债表日：
借：所得税费用——当期所得税费用 47 500
　　递延所得税负债 2 500
　　贷：应交税费——应交所得税 50 000

2017年资产负债表日：
借：所得税费用——当期所得税费用 47 500
　　递延所得税负债 2 500
　　贷：应交税费——应交所得税 50 000

第15章　财务报告

一、单项选择题

1.B　2.C　3.D　4.B　5.A　6.D　7.B　8.C　9.A　10.A

二、多项选择题

1.ABCDE　2.ABC　3.ABDE　4.ABCDE　5.AD　6.CD　7.ABC　8.BCDE　9.ABCD　10.ABCDE

三、判断题

1.× 2.√ 3.× 4.× 5.√ 6.√ 7.× 8.× 9.× 10.×

四、实训题

【实训1】

资产负债表

会企01表

编制单位:无锡海华股份有限公司　　　2018 年 12 月 31 日　　　单位:万元

资　产	期末余额	年初余额	负债和所有者权益（或股东权益）	期末余额	年初余额
流动资产：			流动负债：		
货币资金	62		短期借款	30	
以公允价值计量且其变动计入当期损益的金融资产			以公允价值计量且其变动计入当期损益的金融负债		
衍生金融资产			衍生金融负债		
应收票据	20		应付票据	58	
应收账款	179		应付账款	224	
预付款项	32		预收款项	90	
应收利息			应付职工薪酬	60	
应收股利			应交税费	33	
其他应收款	3		应付利息	26	
存货	360		应付股利	12	
持有待售资产			其他应付款	5	
一年内到期的非流动资产			持有待售负债		
其他流动资产			一年内到期的非流动负债	80	
流动资产合计	656		其他流动负债		
非流动资产：			流动负债合计	618	
可供出售金融资产			非流动负债：		
持有至到期投资	30		长期借款	200	
长期应收款	25		应付债券	60	
长期股权投资	270		长期应付款	20	
投资性房地产			专项应付款		
固定资产	698		预计负债		
在建工程	350		递延收益		
工程物资	70		递延所得税负债	3	
固定资产清理			其他非流动负债		
生产性生物资产			非流动负债合计	283	
油气资产			负债合计	901	
无形资产			所有者权益（或股东权益）：		
开发支出			实收资本（或股本）	1 092	
商誉			其他权益工具		
长期待摊费用	46		资本公积	55	
递延所得税资产	8		减：库存股		
其他非流动资产			其他综合收益		
非流动资产合计	1 497		盈余公积	80	
			未分配利润	25	
			所有者权益（或股东权益）合计	1 252	
资产总计	2 153		负债和所有者权益（或股东权益）总计	2 153	

[实训2]

利润表

会企02表

编制单位：无锡海华股份有限公司　　　2017年度　　　单位：万元

项　目	本期金额	上期金额
一、营业收入	3 000	
减：营业成本	2 050	
税金及附加	52	
销售费用	27	
管理费用	10	
财务费用	5	
资产减值损失	5	
加：公允价值变动收益（损失以"-"号填列）	-2	
投资收益（损失以"-"号填列）	27	
其中：对联营企业和合营企业的投资收益		
资产处置收益（损失以"-"号填列）	-4	
其他收益		
二、营业利润（亏损以"-"号填列）	872	
加：营业外收入	24	
减：营业外支出	18	
三、利润总额（亏损总额以"-"号填列）	878	
减：所得税费用	219.5	
四、净利润（净亏损以"-"号填列）	658.5	
（一）持续经营净利润（净亏损以"-"号填列）		
（二）终止经营净利润（净亏损以"-"号填列）		
五、其他综合收益的税后净额		
（一）以后不能重分类进损益的其他综合收益		
1.重新计量设定受益计划净负债或净资产的变动		
2.权益法下在被投资单位不能重分类进损益的其他综合收益中享有的份额		
⋮		
（二）以后将重分类进损益的其他综合收益		
1.权益法下在被投资单位以后将重分类进损益的其他综合收益中享有的份额		
2.可供出售金融资产公允价值变动损益		
3.持有至到期投资重分类为可供出售金融资产损益		
4.现金流量套期损益的有效部分		
5.外币财务报表折算差额		
⋮		
六、综合收益总额		
七、每股收益		
（一）基本每股收益		
（二）稀释每股收益		

第16章 债务重组

一、单项选择题

1.B 2.D 3.D 4.D 5.D 6.B 7.A 8.C 9.A 10.A 11.B 12.A 13.C 14.D 15.B 16.B 17.D 18.B 19.D 20.A

二、多项选择题

1.ABCD 2.ABC 3.ABD 4.ABC 5.AD 6.BCD 7.BCD 8.ABCD 9.BCD 10.BCD 11.AD

三、判断题

1.× 2.× 3.× 4.× 5.√ 6.× 7.√ 8.√ 9.√

四、计算分析题

【计算分析题1】

债务人（乙公司）：

借：应付账款——甲公司	117 000	
贷：银行存款		97 000
营业外收入——债务重组利得		20 000

债权人（甲公司）：

借：银行存款	97 000	
坏账准备	3 000	
营业外支出——债务重组损失	17 000	
贷：应收账款——乙公司		117 000

【计算分析题2】

债务人（乙公司）：

借：应付账款——甲公司	105 000	
贷：主营业务收入		80 000
应交税费——应交增值税（销项税额）		13 600
营业外收入——债务重组利得		11 400
借：主营业务成本	69 500	
存货跌价准备	500	
贷：库存商品		70 000

债权人（甲公司）：

借：原材料	80 000	
应交税费——应交增值税（进项税额）	13 600	
坏账准备	500	
营业外支出——债务重组损失	10 900	
贷：应收账款——乙公司		105 000

【计算分析题3】

（1）B企业债务重组利得=234-（180+30.6）=23.4（万元）

（2）B企业应编制的会计分录如下：

借：应付账款	2 340 000	
贷：主营业务收入		1 800 000
应交税费——应交增值税（销项税额）		306 000
营业外收入——债务重组利得		234 000
借：主营业务成本	1 300 000	

贷：库存商品	1 300 000

（3）A企业债务重组损失=234−180×（1+17%）−7=16.4（万元）

（4）A企业应编制的会计分录如下：

借：库存商品	1 800 000
应交税费——应交增值税（进项税额）	306 000
坏账准备	70 000
营业外支出——债务重组损失	164 000
贷：应收账款	2 340 000

【计算分析题4】

（1）借：应收票据——乙公司	140 400
贷：其他业务收入	120 000
应交税费——应交增值税（销项税额）	20 400
（2）借：应收账款——乙公司	140 400
贷：应收票据——乙公司	140 400
（3）借：固定资产	100 000
应交税费——应交增值税（进项税额）	17 000
坏账准备	1 000
营业外支出——债务重组损失	22 400
贷：应收账款——乙公司	140 400

（4）①转入清理：

借：固定资产清理	81 000
累计折旧	30 000
固定资产减值准备	9 000
贷：固定资产	120 000

②支付清理费：

借：固定资产清理	1 000
贷：银行存款	1 000

③结转债务重组利得：

借：应付账款——甲公司	140 400
贷：固定资产清理	100 000
应交税费——应交增值税（进项税额）	17 000
营业外收入——债务重组利得	23 400

④结转转让固定资产利得：

借：固定资产清理	18 000
贷：资产处置损益	18 000

【计算分析题5】

债务人（乙公司）：

借：应付票据——甲公司	103 500
贷：股本	10 000
资本公积——股本溢价	86 000
营业外收入——债务重组利得	7 500

债权人（甲公司）：

借：长期股权投资——乙公司	96 000

　　借：营业外支出——债务重组损失　　　　　　　　　　　　　　　　　7 500
　　　　贷：应收票据——乙公司　　　　　　　　　　　　　　　　　　　　　103 500

五、实训题

【实训1】

（1）债务人欧方公司的账务处理：

借：应付账款——蓝天公司　　　　　　　　　　　　　　　　　　　351 000
　　贷：银行存款　　　　　　　　　　　　　　　　　　　　　　　　　　245 700
　　　　营业外收入——债务重组利得　　　　　　　　　　　　　　　　　105 300

（2）债权人蓝天公司的账务处理：

借：银行存款　　　　　　　　　　　　　　　　　　　　　　　　　245 700
　　坏账准备　　　　　　　　　　　　　　　　　　　　　　　　　　20 000
　　营业外支出——债务重组损失　　　　　　　　　　　　　　　　　　85 300
　　　　贷：应收账款——欧方公司　　　　　　　　　　　　　　　　　　　351 000

【实训2】

（1）债务人南红公司的账务处理：

借：应付账款——秀文公司　　　　　　　　　　　　　　　　　　　550 000
　　贷：主营业务收入　　　　　　　　　　　　　　　　　　　　　　　450 000
　　　　应交税费——应交增值税（销项税额）　　　　　　　　　　　　　76 500
　　　　营业外收入——债务重组利得　　　　　　　　　　　　　　　　　23 500

借：主营业务成本　　　　　　　　　　　　　　　　　　　　　　　350 000
　　贷：库存商品——钢材　　　　　　　　　　　　　　　　　　　　　　350 000

（2）债权人秀文公司的账务处理：

借：原材料——钢材　　　　　　　　　　　　　　　　　　　　　　450 000
　　应交税费——应交增值税（进项税额）　　　　　　　　　　　　　　76 500
　　坏账准备　　　　　　　　　　　　　　　　　　　　　　　　　　20 000
　　营业外支出——债务重组损失　　　　　　　　　　　　　　　　　　3 500
　　　　贷：应收账款——南红公司　　　　　　　　　　　　　　　　　　　550 000